快乐的知识

[德]弗里德里希·尼采————著

黄明嘉————译

中央编译出版社

图书在版编目 (CIP) 数据

快乐的知识 / (德) 弗里德里希·尼采著; 黄明嘉译. —北京: 中央编译出版社, 2024.3 (2025.10 重印)
ISBN 978-7-5117-4383-1

Ⅰ.①快… Ⅱ.①弗… ②黄… Ⅲ.①尼采 (Nietzsche, Friedrich Wilhelm 1844—1900) – 哲学思想 Ⅳ.① B516.47

中国国家版本馆 CIP 数据核字 (2023) 第 096278 号

快乐的知识

选题策划	张远航	
责任编辑	郑菲菲	
责任印制	李 颖	
出版发行	中央编译出版社	
网　　址	www.cctpcm.com	
地　　址	北京市海淀区北四环西路 69 号 (100080)	
电　　话	(010)55627391 (总编室)	(010)55627392 (编辑室)
	(010)55627320 (发行部)	(010)55627377 (新技术部)
经　　销	全国新华书店	
印　　刷	北京盛通印刷股份有限公司	
开　　本	880 毫米 ×1230 毫米 1/64	
字　　数	180 千字	
印　　张	7.625	
版　　次	2024 年 3 月第 1 版	
印　　次	2025 年 10 月第 4 次印刷	
定　　价	55.00 元	

新浪微博: @ 中央编译出版社　　**微　信**: 中央编译出版社 (ID: cctphome)
淘宝店铺: 中央编译出版社直销店 (http://shop108367160.taobao.com) (010)55627331
本社常年法律顾问: 北京市吴栾赵阎律师事务所律师　　闫军　梁勤
凡有印装质量问题, 本社负责调换。电话: (010)55627320

译者序

《快乐的知识》一书，是尼采1882年撰写的，其中第五卷补写于1886年。他在第二版前言（1886年秋）中提及，此书是他大病初愈之后写就的，是疾病和痛苦娩出的胎儿，由于这次康复大出他的意外，故"快乐的知识"意味着"心灵的狂欢"，"康复的陶醉使他居然阐发诸多非理性、愚妄之论，抒发孟浪情愫，侈谈外表棘手而实则并非如此的种种问题"。

所谓"非理性""愚妄""孟浪"云云，

当然是作者"自知性僻难谐俗"的自嘲；作为决意"为自己创造一个特殊太阳"的伟大哲学家、诗人，尼采在揭露和批判非神圣、非道德、非人性的世界时，处处表现出惊世骇俗的狂狷、放任和尖刻，往往言人之未言、言人之未敢言；庸人和道学家听起来似梦呓、谵语，与尼采心灵相通的人则有痛快淋漓之感。正是这些不合时宜的连珠妙语，显现出尼采才藻富瞻、哲理深邃、思辨明晰。

这本语录式的小书涉及的问题颇多，诸如生命、个体与群体本能、爱情、文艺、哲学、科学、道德、法律、宗教、社会发展，等等，是否可以说，尼采思想的精髓大体上已包罗在这部奇书里了。

现将书中涉及的问题择其要者介绍于后：

尼采力主保存个体本能和人的自由意志，指出群体本能意识、道德和宗教无不以否定个体本性和自我为目的。他响亮地喊出"你要成为你自己","情欲比禁欲和伪善好;诚实,即便是恶意的诚实也比因恪守传统道德而失去自我好;自由之人可能为善,也可能为恶,然而,不自由的人则是玷辱人之本性,因此不配分享天上和人间的安慰。总之,谁要做自由人,必先完全成为他自己。自由不会如神赐之物落在人的怀里"。尼采认为失去自我的人会有许多人性弱点:畸形、孱弱、平庸、畏葸、卑琐、笨拙、自感厌倦,尼采甚至尖刻地将其比为"驯服动物";又说"内心的顺从和依附,正是你我不幸之所在"。关于个性的历练,尼采主张勇对不幸,说"世间存在不幸,这对个人来说是完全必要的"。"通往个人的天堂之路总要穿越个人的地狱"。因此,人要坦然直面恐惧、贫困、匮乏、黑暗、艰危和失误。

尼采对当时欧洲普遍盛行的道德准则是全盘否定的。道德被他称之为"道德猛兽"，他指出"道德乃是个人的群体直觉"，揭露道德的伪善，是道德"打扮"了欧洲人，使其华贵、重要、体面乃至神圣；使愚蠢、盲目、疯癫、可疑的世界显得正义、智慧、圣洁、善良。

尼采在书中尖刻讽刺作家、诗人、戏剧家、艺术家充当"训育排练"者，无情鞭挞他们不敢正视现实、圆滑世故、见风使舵，作品虚伪、矫饰、煽惑、故作"激情"。

尼采在书里宣布："上帝死了。"指出基督教的传统无论"爱""同情""仁慈"等说教也罢，提倡"禁欲主义"也罢，其宗旨都是扼杀个人，说"善与恶皆为上帝的偏见"，这个世界绝非"神圣"。

已为广大读者熟悉的价值重估问题，书

中的原话是:"我相信,一切事物的价值必将重新评估。"这尤能显示尼采高蹈卓拔的见识和无所畏惧的勇气。他说:"当我们感到数千年的评估依然在禁锢着我们,左右着我们,真是度日维艰啊!"尼采的头脑里不存在什么伟人,故不囿于任何成说,而是敢为天下先。正如奥地利著名文学家茨威格赞颂(绝非恶意)道:尼采是德国哲学知识领域首先打出的一面"海盗黑旗"。他本人称自己是"未来时代的早产儿、头生子",预见"上帝死后"必将出现道德坍塌、断裂、败坏、沉沦、倾覆等一系列后果,且被他死后的历史所应验。这,或许正是尼采的伟大和魅力所在了。

诚然,此书也并非字字珠玑、句句嘉言,全都令读者"快乐"。他对普通民众、工人、妇女、犹太人的蔑视,对奴隶制的称许,对社会主义者及社会主义运动的诋毁,对东方民族,特别是对中国的偏见、贬抑均属纰缪之论,这在他那些旷达不羁、绝后空前的见解中掺杂了一些不和谐的音籁。但终究瑕不掩瑜,尼采卓然特立的瑰意琦行依旧启迪后昆,彪炳史册!

目 录

1. 阐释存在之意义的导师 / 1
2. 理智的良知 / 6
3. 高尚与卑贱 / 8
4. 保存本性 / 12
5. 绝对的责任 / 13
6. 丧失尊严 / 15
7. 写给辛勤劳作者 / 16
8. 没有意识到的道德 / 18
9. 我们的爆发 / 20
10. 返祖现象 / 21
11. 意　识 / 22
12. 科学的目的 / 24
13. 力量意识 / 25
14. 何谓爱情 / 28

15. 远　观	/ 31
16. 越过小径	/ 32
17. 对贫穷的激励	/ 33
18. 古代的傲慢	/ 34
19. 邪　恶	/ 35
20. 愚昧的尊严	/ 36
21. 致无私的教师	/ 37
22. 上帝为国王而存在	/ 41
23. 腐败的征兆	/ 43
24. 不同的不满	/ 48
25. 预先认定不可知	/ 49
26. 生命是什么	/ 50
27. 厌世者	/ 51
28. 至善有害	/ 52
29. 作补充说明的骗子	/ 53
30. 名人的喜剧	/ 54
31. 买卖与高贵	/ 55

32. 不受欢迎的门生 / 56

33. 教室之外 / 57

34. 隐藏的历史 / 58

35. 异端邪说与巫术 / 58

36. 遗　言 / 59

37. 三种错误 / 61

38. 爆炸的人 / 62

39. 改变了的趣味 / 62

40. 缺乏高贵风度 / 63

41. 懊　悔 / 65

42. 工作与无聊 / 66

43. 法律体现了什么 / 67

44. 相信动机 / 69

45. 伊壁鸠鲁 / 70

46. 我们惊讶 / 71

47. 论激情的压抑 / 72

48. 对痛苦的认识 / 73

49. 雅量及其他　　　　　　　　　/ 76

50. 孤立的原因　　　　　　　　　/ 77

51. 真理意识　　　　　　　　　　/ 78

52. 别人了解我们什么　　　　　　/ 78

53. 善的起源　　　　　　　　　　/ 79

54. 虚假的意识　　　　　　　　　/ 79

55. 什么东西使人变得"高尚"　　 / 80

56. 向往痛苦的欲望　　　　　　　/ 82

57. 致现实主义者　　　　　　　　/ 83

58. 只能当创造者　　　　　　　　/ 85

59. 我们艺术家啊　　　　　　　　/ 86

60. 女人及其向远处的辐射力　　　/ 88

61. 敬重友情　　　　　　　　　　/ 90

62. 爱　情　　　　　　　　　　　/ 91

63. 音乐中的女人　　　　　　　　/ 91

64. 怀疑者　　　　　　　　　　　/ 92

65. 奉　献　　　　　　　　　　　/ 92

66. 弱者的强大 / 93

67. 自我欺骗 / 93

68. 意志和顺从 / 94

69. 复仇的能力 / 95

70. 男人的女主宰 / 96

71. 论女人的贞洁 / 97

72. 母 性 / 98

73. 神圣的残酷 / 99

74. 失败者 / 100

75. 第三性 / 100

76. 最大的危险 / 101

77. 心安理得的动物 / 103

78. 我们感谢什么 / 105

79. 蹩脚的魅力 / 106

80. 艺术与自然 / 107

81. 希腊人的情趣 / 111

82. 非希腊式的风趣 / 112

83. 翻译和改编 / 113

84. 论诗的起源 / 115

85. 善与美 / 120

86. 戏　剧 / 121

87. 艺术家的自负 / 123

88. 真诚追求真理 / 125

89. 现在与从前 / 126

90. 光明与黑暗 / 127

91. 当　心 / 127

92. 散文与诗 / 128

93. 你为何要写呢 / 130

94. 死后的哀荣 / 131

95. 香福德 / 132

96. 两位演说家 / 134

97. 作家的废话 / 135

98. 心仪莎士比亚 / 136

99. 叔本华的信徒 / 138

100. 学会尊敬	/ 144
101. 伏尔泰	/ 146
102. 写给语文学者的话	/ 147
103. 论德国音乐	/ 148
104. 德语的声调	/ 150
105. 身为艺术家的德国人	/ 154
106. 把音乐当成拥护者	/ 155
107. 对艺术的感激	/ 156
108. 新的战斗	/ 158
109. 我们可要当心	/ 159
110. 知识的起源	/ 161
111. 逻辑的来源	/ 166
112. 因　果	/ 167
113. 毒药的学说	/ 169
114. 道德的范围	/ 170
115. 四种错误	/ 171
116. 群体直觉	/ 172

117. 群体的良心谴责 / 173
118. 善　意 / 174
119. 这并不是利他主义 / 175
120. 心灵的健康 / 176
121. 生活不是论据 / 177
122. 基督教对道德的怀疑 / 178
123. 科学并非只是工具 / 179
124. 无穷的视野 / 181
125. 疯　子 / 182
126. 神秘的诠释 / 185
127. 古代宗教的余绪 / 185
128. 祈祷的价值 / 188
129. 上帝存在的条件 / 190
130. 危险的决心 / 190
131. 基督教与自杀 / 190
132. 反基督教 / 191
133. 原　则 / 191

134. 悲观主义者是牺牲品　　　　　　　/ 192

135. 罪恶的起源　　　　　　　　　　/ 193

136. 被遴选的民族　　　　　　　　　/ 195

137. 打个比喻　　　　　　　　　　　/ 196

138. 基督的错误　　　　　　　　　　/ 196

139. 激情的色彩　　　　　　　　　　/ 197

140. 过于犹太化的　　　　　　　　　/ 198

141. 过于东方化　　　　　　　　　　/ 198

142. 薰　香　　　　　　　　　　　　/ 199

143. 多神论的最大益处　　　　　　　/ 200

144. 宗教战争　　　　　　　　　　　/ 202

145. 素食者的危险　　　　　　　　　/ 202

146. 德国人的希望　　　　　　　　　/ 203

147. 问与答　　　　　　　　　　　　/ 204

148. 宗教改革的发源地　　　　　　　/ 204

149. 宗教改革的失败　　　　　　　　/ 205

150. 对圣者的批评　　　　　　　　　/ 207

151. 关于宗教的起源 / 208

152. 巨　变 / 209

153. 富于创意的诗人 / 210

154. 生活对人的危害不同 / 211

155. 我们缺少什么 / 212

156. 最有影响的人 / 212

157. 撒　谎 / 212

158. 自找麻烦的个性 / 213

159. 任何美德只适合于某个时代 / 213

160. 同德行打交道 / 214

161. 致时代的"情人" / 214

162. 自我本位 / 215

163. 大胜之后 / 215

164. 寻求安宁的人们 / 215

165. 抛弃者的快乐 / 216

166. 我们只与自己交往 / 216

167. 厌世与博爱 / 217

168. 一个病人 / 217

169. 公开之敌 / 218

170. 从 众 / 219

171. 名 望 / 219

172. 败兴者 / 220

173. 深奥和故作深奥 / 220

174. 偏 离 / 221

175. 关于辩才 / 221

176. 同 情 / 222

177. 关于"教育" / 222

178. 有关道德启蒙 / 223

179. 思 想 / 223

180. 自由英才的美景良辰 / 224

181. 跟随与带头 / 224

182. 孤 寂 / 225

183. 属于美好未来的音乐 / 225

184. 司 法 / 226

185. 贫　穷　　　　　　　　　　　/ 226

186. 心绪不宁　　　　　　　　　/ 226

187. 伤人的报告　　　　　　　　/ 227

188. 劳　动　　　　　　　　　　/ 227

189. 思想家　　　　　　　　　　/ 228

190. 面对赞美者　　　　　　　　/ 228

191. 辩　护　　　　　　　　　　/ 229

192. 善良人　　　　　　　　　　/ 229

193. 康德的玩笑　　　　　　　　/ 230

194. "坦诚"的人　　　　　　　　/ 230

195. 聊博一哂　　　　　　　　　/ 230

196. 听觉的局限　　　　　　　　/ 231

197. 当　心　　　　　　　　　　/ 231

198. 骄傲者的厌烦　　　　　　　/ 231

199. 慷慨大方　　　　　　　　　/ 232

200. 笑　　　　　　　　　　　　/ 232

201. 鼓　掌　　　　　　　　　　/ 232

202. 挥霍者 / 233

203. 愚者的急智 / 233

204. 乞丐与礼貌 / 233

205. 需　要 / 234

206. 雨　中 / 234

207. 嫉妒者 / 234

208. 伟　人 / 235

209. 询问动机的习惯 / 235

210. 勤奋的标准 / 236

211. 隐蔽之敌 / 236

212. 不要受骗 / 236

213. 通往幸福的途径 / 237

214. 信仰使人快乐 / 237

215. 理想与物料 / 238

216. 声音的危害 / 238

217. 因　果 / 238

218. 我的反感 / 239

219. 惩罚的目的 / 239

220. 牺　牲 / 239

221. 宽　容 / 240

222. 诗人与说谎者 / 240

223. 感官的替代 / 240

224. 动物的评论 / 241

225. 随着本性的人 / 241

226. 怀疑者及其风格 / 241

227. 错误的判断，错误的一掷 / 242

228. 调解人 / 242

229. 违抗与忠诚 / 243

230. 缺少沉默 / 243

231. "彻底的人" / 243

232. 梦 / 244

233. 最危险的观点 / 244

234. 音乐家的自慰语 / 244

235. 思想与个性 / 245

236. 为了感动群众 / 245

237. 彬彬有礼的人 / 246

238. 没有嫉妒 / 246

239. 郁郁寡欢的人 / 246

240. 海　滨 / 247

241. 作品和艺术家 / 247

242. 严守本分 / 248

243. 好坏的起源 / 248

244. 思想与说话 / 248

245. 选择即是赞美 / 249

246. 数　学 / 249

247. 习　惯 / 249

248. 书　籍 / 250

249. 求知者的喟叹 / 250

250. 罪　过 / 251

251. 被误解的受苦者 / 251

252. 宁可负债 / 252

253. 处处为家	/ 252
254. 对付困境	/ 252
255. 模仿者	/ 253
256. 表　皮	/ 253
257. 亲身经历	/ 253
258. 机遇的否定者	/ 254
259. 远离天堂	/ 254
260. 一加一	/ 254
261. 独创性	/ 255
262. 永恒之见	/ 255
263. 没有虚荣	/ 256
264. 我们的行为	/ 256
265. 最终的怀疑	/ 256
266. 需要残酷	/ 257
267. 因为目标远大	/ 257
268. 是什么造就英雄	/ 257
269. 你相信什么	/ 258

270. 你的良心在说什么　　　／258

271. 你的最大危险何在　　　／258

272. 你喜欢别人什么　　　／258

273. 你说谁差劲　　　／259

274. 你觉得什么最具人性　　　／259

275. 什么是获得自由的标志　　　／259

276. 新年感言　　　／260

277. 个人的上帝　　　／261

278. 死的概念　　　／263

279. 友朋星散　　　／265

280. 求知者的建筑学　　　／266

281. 善于找到结尾　　　／267

282. 步　态　　　／268

283. 准备着的人们　　　／269

284. 自　信　　　／271

285. 更高，更向上　　　／271

286. 插　话　　　／273

287. 喜欢盲目 / 273

288. 高昂的情绪 / 274

289. 上　船 / 275

290. 不可或缺的事 / 276

291. 热那亚 / 278

292. 致道学家 / 280

293. 我们的空气 / 281

294. 反对诬蔑本性 / 284

295. 短暂的习惯 / 285

296. 固定的名声 / 287

297. 允许反驳 / 288

298. 喟叹者 / 289

299. 向艺术家学什么 / 290

300. 科学的前导 / 291

301. 沉思者的幻觉 / 292

302. 最幸运者的危险 / 294

303. 两位幸福的人 / 296

304. 在行动中抛弃 / 297

305. 自　制 / 298

306. 禁欲主义者与伊壁鸠鲁的门徒 / 299

307. 有利于评判 / 301

308. 每天的历史 / 302

309. 走出孤独 / 303

310. 意志与浪潮 / 303

311. 折　光 / 305

312. 我的狗 / 306

313. 不画刑讯图 / 307

314. 新家畜 / 308

315. 最后的时刻 / 308

316. 预言家 / 309

317. 回　顾 / 310

318. 痛苦中的智慧 / 310

319. 经历的诠释者 / 312

320. 再度晤面 / 313

321. 慎之又慎 / 313

322. 比　喻 / 314

323. 命运的奖赏 / 315

324. 以生活为媒介 / 315

325. 什么是伟大 / 316

326. 心理医生与痛苦 / 317

327. 严肃对待 / 319

328. 打破愚昧 / 319

329. 闲暇与懒散 / 321

330. 掌　声 / 323

331. 宁愿耳聋，不愿震耳欲聋 / 324

332. 不愉快的时刻 / 325

333. 何谓"认识" / 325

334. 必须学会喜爱 / 327

335. 向物理学欢呼致敬 / 328

336. 大自然的吝啬 / 334

337. 未来的"人性" / 335

338. 受苦的意志与同情 / 337

339. 生活似女人 / 342

340. 临终时的苏格拉底 / 343

341. 行为的着重点 / 345

342. 悲剧的序幕 / 346

343. 我们欢乐的含义 / 348

344. 我们虔诚到何种程度 / 350

345. 道德问题 / 354

346. 我们的疑问 / 358

347. 信徒与信仰需要 / 361

348. 学者的出身 / 364

349. 再论学者的出身 / 367

350. 向诚信之人致敬 / 368

351. 向牧师致敬 / 370

352. 道德为何不可缺少 / 372

353. 宗教的起源 / 374

354. 论"类群的保护意识" / 376

355. "认识"的起源	/ 381
356. 欧洲怎样才能变得更"艺术"	/ 384
357. 老问题"何谓德国式"	/ 388
358. 思想界的农民起义	/ 396
359. 对思想的报复与道德背景	/ 401
360. 被混淆的两种动机	/ 403
361. 演员的问题	/ 405
362. 我们相信欧洲的阳刚之气	/ 407
363. 男女对爱情的偏见	/ 409
364. 隐士如是说	/ 411
365. 隐士又说	/ 413
366. 面对一本渊博之书	/ 414
367. 怎样区别艺术品	/ 418
368. 玩世不恭者如是说	/ 419
369. 并存于我们心中的	/ 422
370. 何谓浪漫主义	/ 423
371. 我们很难被理解	/ 428

372. 我们为何不是唯心主义者 / 430

373. 偏见的"科学" / 432

374. 我们新的"无限" / 434

375. 我们缘何像伊壁鸠鲁的信徒 / 436

376. 缓慢的时日 / 437

377. 无家可归者 / 438

378. 我们将再度澄清 / 443

379. 愚蠢的人插话 / 444

380. "流浪者"如是说 / 445

381. 理解问题 / 447

382. 伟大的健康 / 450

1. 阐释存在之意义的导师

无论我以善或恶的眼光看人,总发现所有的人,即千差万别的个人无不怀着一个使命:从事有益于保存人类的事。但这并非出于对人类的袍泽之爱,仅仅因为他们身上存在一种比任何东西更加根深蒂固、冷酷无情、不可征服的本能,这本能恰是我们行为的本质。

尽管人们习惯于以一种短视的目光严格区分周围的邻人是有益还是有害,善还是恶,然而,倘若他们对整个群体作一个大略的估计和长时的思考,便会对这种严格的区分表示怀疑,最终只好罢手作这样的区分。从保存本质的角度看,最有害的人也许是最有益的人,因为他不仅保存了自身的本能,而且由于他的行为效应还保存了他人的本能。没有本能欲望,人类大概早已衰落了。

仇恨、奸邪、掠夺、统治欲，还有其他许多被称之为恶的东西，均属保存本质的行为，自然是代价高昂的、靡费的且大体说来是愚不可及的行为，但它们毕竟属于屡试不爽、使人类得以保存至今的诸多因素。亲爱的同胞和挚友，我不知道你是否会有损于本性地去生活，即"非理性""悲惨"地生活。损害本性的东西也许几千年来已经灭绝，现在上帝那儿也找不到了。请按照你至善或至恶的欲望行事吧，或自我毁灭吧！在这两种情况下，你都能成为对人类有益和有促进作用的人，因而也可以挽留住赞美你或讽刺你的人！然则，你会永远找不到一个在你最得意时嘲笑你的人，在你像苍蝇、青蛙一样极度可怜时又找不到一个使你心绪变佳的人！正如人们会因为真理而发笑一样，我们也会笑自己。不过，要笑，精英人物迄今的真理意识尚嫌不足，最具天资的人物也缺乏笑的天赋。如此说来，笑，也许是未来的事了！

假如那句"本性是最重要的,个人算什么"的箴言被纳入人性之中,假如每个人每时每刻都会发笑以达到最终的解脱和轻松,那么,也许这笑便与智慧连在一起了,也许就有了"快乐的知识"。

有时情况完全不同。存在的喜剧尚未"意识到"自己就出现了悲剧时代、道德时代和宗教时代。那些道德发明者、宗教创立者、为道德评价而斗争的始作俑者、鼓吹良心谴责和煽动宗教战争的导师层出不穷,这意味着什么呢?那些舞台上的英雄豪杰代表什么呢?其实,英雄大致雷同,而其他偶然可视的东西只是英雄的铺垫罢了,它们可能是舞台的道具、布景,也可能是扮演的密友、贴身仆役等角色(例如,诗人便是某些道德的内室仆役)。这些悲剧人物虽则相信自己是为上帝的利益并作为上帝的使者在行动的,但实际上仍是为本性利益在行事,这是极易理解的。他们促进人们对生活的信仰,因而促进了类群的生活。"活着是值得的,"他们无不这样嚷道,"生活本身、生活的背后和下面隐藏着许多东西,你们要注意啊!"最高贵者和最卑贱者同样具有保存本性的欲望,这欲望会不时作为理性和激情爆发出来,它会给自己制造车载斗量的、冠冕堂皇的理由,倾力叫人忘却它是一种本能、直觉、愚蠢和毫无道理的东西。应该热爱生活!因为人应该促进自我及其邻人!现在如此,将来也应如此!为了使这成为今后唯一的目的,成为人们的理性和最终的信条,伦理学导师于是登台了。他的讲题是存在之意义。他杜撰出第二个存在,并且用他的新机械把旧的普遍存在从古老的、普通的日耳曼人身上取走。

是啊!他绝不允许我们取笑存在、取笑我们自己,也不允许取笑他;在他,个人永远是个人,要么是老子天下第一,要么微不足道,但都作恶多端;他认为人没有本性。他的杜撰和评价多愚昧、多狂热，大肆曲解大自然规律，否认大自然的种种条件，的确，一切伦理学的愚蠢和反自然到了可怕的程度，以至于任何伦理学家都足以使人类毁灭——倘若他们强迫人类就范的话。

每当"英雄"登台，必定出现新鲜的玩意和令人惊异的笑料，也会使许多人产生内心的震颤，他们思忖："活着是值得的！是呀，我活着是值得的！"生活、我、你、我们大家再次对自身产生了一时的兴趣。不可否认的是，笑、理性、自然已经战胜那些进行存在意义说教的伟大导师，存在悲剧终于转为存在喜剧，"无穷的笑的浪潮"——借用埃席洛斯的话说——最终将淹没这些伟大的悲剧角色。在"矫正性"的笑声里，人性就总体而言随着那些阐释存在之意义的导师的一再亮相而改变。人性现在又多了一种需要，即需要这类导师和存在"意义"的理论出笼。久而久之，人变成一种富于想象的动物,比其他动物多一种生存条件:必须时刻坚信,自己能够弄明白为何而存在。如若没有周期性的对生活的信赖,没有对生活理性的信仰,则人类不可能有如此的繁盛。人类也一再宣称:"世间的确存在某种不可取笑的东西。"而谨小慎微的博爱主义者还会补充说:"不仅笑和欢乐的智慧,而且非理性的悲剧性的事物也同属于保存本性的手段和必要性!"

原来如此!啊,弟兄们,你们明白我的意思吗?明白这条盛衰规律吗?我们也有自己的时代啊!

2. 理智的良知

我常常重复同样的经验,并且一再对这经验进行抵制,尽管信手拈来,却不愿相信:大多数人缺乏理智的良知。

我时常觉得，用这样的良知来要求，处在人满为患的通都大邑就像置身荒漠一样。每个人都用异样的眼神打量你，用他自己的那杆秤来衡量一切，说这个好，那个不好；而当你发现，他们的衡量并不准确，他们也绝不会面呈愧色。但也无人迁怒于你，对你的怀疑，他们也许一笑了之。

我要说的是：人们相信这个或者那个，并按此信念而生活，但事先并不知道赞成或反对的理由、最有把握的理由是什么，也不愿花力气去研究是何理由，对此，人们也觉得并没有什么可鄙。最有天赋的男子和贵妇人也属于"大多数人"之列。

然而，倘若嘉言懿行之士竟允许自己在信仰和评价中持如此马虎的态度，倘若"对每件事都应有确切的把握"对他们并不是内心的深切要求和诚挚愿望，也不是区分人之高下的尺度，那么，对我来说，善良、机智和天才又算得什么呢！我发现某些虔诚的人们憎恶理性，这至少暴露出他们良知的泯灭！可是，有人身处这类老调重弹的论调中，身处莫名其妙的不确定性和多义性的存在中而不发问，没有发问的热望和兴趣，甚至憎恶发问者，还取笑发问者的呆滞呢。这，就是我心目中感到可鄙的东西了，我的这一情感正是我要在每个人身上首先寻找的。

某种愚昧一再说服我，只要是人都有这种情感。这就是我的不当之处了。

3. 高尚与卑贱

对于卑贱者而言，一切高尚、慷慨的情感均无意义，因而也是不可信的。当他们听到人们议论这类情感，便眨巴着眼，仿佛要说："这些东西或许有点好处，但我看不出，谁能看透墙那边的东西呢？"他们怀疑高尚者，以为高尚者在隐秘的小径寻找那好处似的。当他们明白无误地确信，高尚者并未达到自己的目的和捞到好处，就把高尚者当成傻瓜，蔑视其欢乐，嘲笑其得意的眼神。"一个人明明处境不利，怎么还高兴得起来呢！怎么眼睁睁地甘愿陷入不利境地呢！这必定是病态的理性与高尚的情感结合在一起的缘故。"他们如是思忖，随即投去轻蔑的一瞥。他们对这些疯疯癫癫的人从坚定的思想中滋生的欢乐是多么鄙夷不屑呀！

卑贱者的特点，是眼睛只盯着自己的利益，一心想着实惠和好处。这思想甚至比他内心最强的本能还要强烈，他绝不让本能误导自己去干没有实惠的事，这便是卑贱者的智慧和情感了。和卑贱者相比，高尚者更不冷静，因为高尚、大度、自我牺牲的人屈从于本能，他们在最佳时刻便会失去冷静。一只动物会冒着生命危险去保护幼仔，在发情季节追随母兽会不计死之将至，毫不顾及艰危。它的理性暂时失落了，因为它的愉悦全部贯注在幼仔和母兽身上，而且担心这愉悦会被剥夺。愉悦和担心完全控驭着它，它会比平时愚蠢。高尚和大度者的情形与此动物相类。

一旦高尚者某些愉快和不愉快的情感趋于强烈，其理智要么对它们保持缄默，要么屈从地为它们服务。情感爆发，心就进入脑，就出现人们常说的"激情"。（有时也会出现激情的反面，即所谓"激情倒错"。例如，某人有一次把手贴在冯塔纳的心口上，冯塔纳说："您感觉到什么吗？我最宝贵的还是脑子啊。"）这是非理性的激情。卑贱者对高尚者的激情相当藐视，尤其当这激情向着客体而发，在他们看来，客体的价值是虚无缥缈的。他们对受食欲左右的人是恼怒的，然而还能理解那促使人变为暴君的饥饿刺激，但就是不理解，为何有人为了知识领域的某种激情之故而把健康和名誉当儿戏呢？

高等人的兴趣面向特殊事物，也面向一般

被人冷淡在一边、似乎不甚可爱的事物。他们的价值标准是个人特有的。但他们在大多数情况下又以为，在自己特殊的兴趣里并无个人特有的价值标准，而是把他们的价值和非价值当成普遍适用的价值和非价值，这么一来，他们便陷于理解发生困难和不切实际的地步。令人奇怪的是，他们犹能保持足够的理性去理解和对待常人，并常常以为自己的激情即是潜藏在所有人心中的激情，他们正是生活在这种充满炽热和雄辩的信念中。

倘若这类特殊的人并不自感特殊，那他们怎能理解卑贱者呢！怎能正确评估世情常规呢！于是，他们就议论着人类的愚昧、不当和空想，他们大为惊讶，世界何以如此混乱，世界为何不相信它"亟待做"的事情呢？——此即为高尚者永远不当之处。

4. 保存本性

最强大和最邪恶的天才人物是推动人类前进的首要功臣,他们一再点燃人们那昏睡的激情(井然有序的社会使激情昏昏欲睡),他们一再唤醒人们的比较意识、矛盾意识,唤醒人们去尝试新事物,唤醒他们对未经试验的、需要冒险的事物的兴趣,迫使人们对各种观点和范例进行比较。这一切,常常伴随着使用武器、推翻界碑、破坏虔诚,不过也不排除借助新的宗教和道德!

同样的"邪恶"也存在于新事物的导师和宣传者身上,它使征服者声名狼藉;它若是表现得较为文雅,而不是立即付之于行动,那还不致造成臭名远播的恶果!无论如何,新的总是恶的,新的总是要征服,要掀翻旧的界碑和虔诚;只有旧的才是好的!每个时代的好人对旧的思想总是追根刨底,并且获得思想果实,他们是思想的耕耘者,每块土地均被充分利用。不过,"邪恶的"犁铧必然要来光顾的。

时下,在英国出现了一种备受欢迎的然而是完全错误的道德理论。按照这理论,判断"善"与"恶"是根据"实用"和"不实用"。被称为"善"的即是保存本性的,被称为"恶"的是破坏本性的。事实上,恶的本能与善的本能一样,也是实用的、保存本性的、不可或缺的——只不过它的功能不同罢了。

5. 绝对的责任

任何人都觉得需要最强有力的言辞和声音、最雄辩的姿态和表情,这样方可影响他人。革命的政治家、社会主义者、基督教和非基督的布道者——他们并未成就什么大业——无不异口同声地侈谈"责任",而且是绝对的责任。倘若没有"责任"这个东西，他们就无法产生弥天的激情，对此，他们自然是清楚的！

于是，他们求助于那种一贯对某种绝对要求进行说教的道德哲学，要么拾取宗教里某个好东西并与之融合，一如马志尼的所为。

因为他们要让别人绝对相信，所以必先绝对自信，其根据便是某个不可言明但本身又很崇高的信条。他们感到自己是这信条的仆从和工具，并决意为这信条尽责。在这方面，我们会在道德启蒙和怀疑那里遇到影响甚巨的对手，但这种人并不常见；倒是在利益驱使人们屈从而名誉又不允许人们屈从的地方，这类对手却存在一个庞大的阶级。比如，一个世代望族的后裔想到自己沦为某个君主、党派、宗教小团体、财团的工具而自感人格低下，但为了个人或为了团体起见仍想做这工具或不得已而做这工具之时，就必须要有矫揉造作的、时刻挂在嘴上的原则，即绝对责任的原则，就必须寡廉鲜耻地屈从于这原则,还要向人显示他已经屈从了。

一切奴性紧紧依附于绝对的要求,这奴性是那些决意要从责任中夺回绝对个性的人的死敌。正直——但也不仅仅是正直——要求这些人这样做。

6. 丧失尊严

思考已失去形式上的尊严,人们嘲笑深思熟虑那一本正经、庄重异常的姿态,对于老式风度的智者,人们简直无法忍受了。

我们思考是非常快捷的,半途上、行走中、在处理各种事务时均可思考,哪怕思考极端严肃的事情也无妨。我们不需要什么准备,也不需要宁静的环境,在我们的头脑里有一部不停运转的机器,它在最差的环境中亦可运作。

当初人们能猜出某人在思考（这或许是个例外的情况），现在人变聪明了，思考时是非常安详的，作出祈祷一样的面部表情，停下脚步。当思想"来"时，他可以在大路上伫立数小时之久，用一只脚或两只脚站立，这样才"与事相称"啊！

7. 写给辛勤劳作者

目前，道德问题的研究领域是相当广阔的。研究者对形形色色的激情，对各时代、各民族、各色大人物小人物的激情必须逐一思考，密切注意；对其全部理性、价值评估和阐释事物必须了然于胸。有很多给人类的存在留下色彩的东西尚无史可查：哪里有爱情史、贪婪史、嫉妒史、良知史、虔诚史和残酷史呢？比较法律史或比较刑罚史至今仍付诸阙如。是否有人在研究每天的时间划分，即有规律地划分为工作、娱乐和休闲呢？人们了解营养素在道德领域所起的作用吗？是否存在某种营养哲学呢？（拥护和反对素食主义的争吵一再爆发，这证明，尚不存在一种营养哲学！）是否有人收集过关于集体生活比如修道院集体生活的经验呢？是否有人阐释过婚姻和友谊的辩证法呢？是否有人在思考学者、商人、艺术家、手工业者的生活习性呢？需要思考的东西，简直多如牛毛！凡是人们将其视为"生存条件"的东西，以及一切理性、激情和迷信，是否已经研究得很彻底了呢？仅仅研究人的本能欲望在不同的道德环境经历了哪些发展，以后还可能有哪些发展，这就够辛勤的学者忙乎的了。详细阐述这方面的观点，搜集史料，需要几代学者有计划地合作，同样，要证明各种道德环境的形成原因也必须这样做才行。

此外还有一项工作，即要指出这些原因的错处以及迄今的道德评价的整体本质。假定这些全部完成了,那么,最棘手的问题又突现出来了:科学是否有能力给人们指出行动的目标?然后还需进行实验。种种英雄行为将在实验中得到自我满足,这是一种长达数百年的实验,它将使历史上一切伟大业绩和献身精神相形见绌。科学尚未建成它的宏伟构架,但是,这个时代终究会到来的。

8. 没有意识到的道德

一个人能意识到自己的一切个性,尤其是当他在周围环境里显示出个性的时候;但个性也有另外的发展规律,就是说,人意识不到它,或者对它不甚了了。它过于细微,在细心的观察者眼前也藏而不露,好像躲在一片虚无后面似的。

这情形与爬行动物鳞片上的精细雕刻类似:

倘若猜测这精细的雕刻是一种装饰或是一种武器，则大谬不然。我们只是借助显微镜——人造的锐眼——才发现了它，而其他动物没有这种锐眼！在它们看来，那鳞片上的雕刻便是装饰或武器了。

我们一些可视的道德，特别是那些我们相信已看见的道德在正常运行着；而不可视的道德——它对于我们来说既非装饰亦非武器——也在正常运行着。这种截然不同的运行连同各种线条、精巧雕刻也许能给一位拥有神奇显微镜的神明带来欢悦哩！比如，我们具备勤奋、事业心和机敏，这是众所周知的，此外，我们还极有可能具备另一种勤奋、事业心和机敏，然而，能察觉我们"爬行动物鳞片"的显微镜还没有发明啊！直觉的道德之友说："好啊！他至少认为未被意识到的道德是可能的，有这，我们就够了！"——啊，你们这些知足的人呀！

9. 我们的爆发

人类很早就具备许多东西，只因它们十分微弱，处于萌芽状态，故而无人察觉。然而经历很长一段时间，也许是几个世纪吧，这些东西突然在光天化日之下出现了，此刻，它们强大而成熟了。

有些时代、有些人似乎缺乏这样或那样的才能与道德，然而，只要假以时日，等到孙子和曾孙辈好了，人们就会把先辈们的内在本性表白于世，而先辈们当初对这内在本性竟茫然无知呢。也常常有儿子背叛父亲的，不过，在儿子有了儿子之后，他对自己的了解就更透彻了。

在我们内心，隐藏着花园、植物。再打一个比喻：我们无一例外，均为随时可能爆发的活火山。至于它何时爆发，当然无人知晓，即使亲爱的上帝也无法预测。

10. 返祖现象

我喜欢把一个时代里罕见的人物看成是突然冒出来的晚生幼芽,亦即往昔文化及其力量的晚生幼芽,犹如一个民族及其文明教化的返祖现象。只有这样,才能真正理解他们身上的某些东西。他们的出现是怪异的、少见的、非同寻常的。凡是在自己内心感到往昔文化力量的人都会勇于面对另一个对抗的世界,去维护、保卫、崇敬和发展这力量,他也就因此成为伟人,或者变成疯子和怪人,倘若他未及时遭到毁灭的话。

以前,这些个性特点是习以为常的,因而没有突现出来,也许,它们是人们首先要求具备的,所以也就不可能因为具备了而成为伟人,或者变成疯子和孤独者——因为不需要冒风险呀。

在一个民族较为稳定的各代和各社会阶层,尤能涌现先民的本能欲望之余绪;而在种族、习惯和价值评估变更过于匆遽的地方,则不大可能产生这类返祖现象。各民族进化力量的速度,其意义如同音乐中的速度。我们目前的情况需要进化的"行板",这是一种热情和舒缓的思想速度,而本性的速度则是一代代保守者的思想。

11. 意 识

意识在生物机体发育中是属于最后和最晚的,因而也是机体中最不成熟的,最无力的。无数行为的失误皆由意识铸成,使得人和动物过早地被"命运"吞噬,一如荷马所言。

倘若稳定的本能欲望不是如此强劲有力,它在总体上就不能起到有如调节器的作用,人类就会睁着眼瞎作判断和想象,就会流于肤浅和轻信,简言之,就会因为意识而自我毁灭。

换句话说，没有本能，人类早已不存在了！

　　一种功能在形成和成熟之前，它对生物体不啻一种危险，故而对它采取长期压制才好，意识就是被压制的！没有丝毫的得意！人有思想，这大概就是人的精髓所在了，是人的恒久不变的、最重要和最本源的东西。人们视意识为恒量，否认它的增长和间歇性，把它当做"生物肌体的统一"！这种对意识可笑的高估和误解倒有一大好处，即阻止过快形成意识。因为人们相信已经具备意识，故而很少费力去获得意识——至今依然如故！

　　所以，获取知识并使之成为本能乃是一项全新的任务，一项在人的眼前逐渐照亮起来但依旧几乎不被人看清的任务。不过，看清它的人还是有的，他们是懂得如下道理的人：我们迄今获取的全是谬误，而我们的一切意识无不与这些谬误有关！

12. 科学的目的

是这样吗？科学的最终目的是给人创造尽量多的欢乐和尽量少的痛苦吗？假定欢乐和痛苦用一根绳子连在一起，那么，谁要得到尽量多的欢乐，也就必然得到尽量多的痛苦，对吗？谁要体验"心临九霄般的欢乐"，也必然要有"悲伤至死"的准备，对吗？也许是对的吧。至少禁欲主义者相信这是对的。

他们一贯要求尽量少的欢乐，以便避免生活中的痛苦（当有人嘴上说"最有德性的人就是最幸福的人"这句格言时，他既把它当成对大众进行说教的招牌，又把它当成高人雅士的诡辩式的高雅）。诸君今天仍可选择：要么尽量少的痛苦或没有痛苦——社会主义者和各党派的政客基本上不能再对其党徒作如此预言了；要么尽量多的痛苦，以牺牲大量的欢愉为代价！假如你们决意选择前者，也就是说，你们意欲减少人的痛苦，那么你们也必须降低使自己欢乐的能力。

事实上，人们借助科学既可促进这个目的，又可促进另一目的！科学的力量一方面剥夺了人的欢乐，使人变得更冷酷、更呆板、更克欲，也许，科学正因为这力量今天才广为人知，人们发现它是个伟大的痛苦制造者；但另一方面，人们也发现科学的反作用力，这力量是无可估量的，它必将照亮欢乐的新世界！

13. 力量意识

人们通过行善和施恶而在别人身上施加自己的力量，目的仅此而已！

我们施恶，就是务使对方感觉到我们的力量，让他们痛苦。痛苦远比欢乐容易被人感受，它总要问原因；而欢乐则只图保持现状，不愿回顾。我们把善举和善意施给依附于我们的人（所谓依附，是指这些人习惯于把我们当成幸福的源泉，且常怀念我们）；增强他们的力量，也就增强我们的力量，或者向他们指出处在我们势力范围内的好处，这样，他们对自己的境遇更加称意，更加甘愿同反对我们的人斗争，表现得更加同仇敌忾。

我们行善和施恶无论造成牺牲与否，都不会改变我们行为的最终价值，即使为此捐躯，犹如宗教殉道者，那也是为理想、为获取力量的理想而牺牲，或者说为保全力量意识而献身。大凡觉得"我占有真理"的人，是绝不会让诸多"占有"溜走的，目的就是要维持这种感觉！他之所以不抛弃一切，就是为了保持自己"高高在上"的地位，即高居于"缺乏真理"的人们之上！

诚然，我们作恶时的情况很少有像行善那么一味令人愉快的，这迹象说明我们的力量尚嫌不足,或者表露出对"不足"的厌烦,由此对我们已有的力量造成了新的威胁和安全隐患,并且我们的前景由于有可能受到报复、嘲讽、处罚和失败而变得暗淡了。只有那些对力量意识最感兴趣和最渴盼的人才最喜欢在反抗者身上打上力量的印记,而对业已屈从的人(他们行善的对象)则感到累赘和腻烦。

关键要看人们习惯于怎样给自己的生活添加调味品,要看个人的口味,看他是想使力量缓慢增强还是突然增强,是较稳妥地增强还是冒险、鲁莽地增强。人们总是根据自己的性情去寻找调料。心气高、傲气足的人对轻松得来的战利品不屑一顾,引起他们快感的是那些有可能成为他们敌人的不屈不挠者,还有那些难于征服的东西。他们对受苦的人常常苛刻嘲笑,因为这类人不值得他们下力气,也不值得自傲;而对与之相颉颃的人,他们反而彬彬有礼,如遇适当时机,说不定要同他们展开一场荣耀的战斗角逐哩。怀着如此良好的情愫，骑士阶层的人惯于在互相间过分地讲礼貌。只有那些自尊心萎靡，也不可能征服别人的人才觉得同情是最愉快的情感，轻易得来的战利品是大喜过望的东西，每个受苦者莫不如此。有人称赞同情，说它是妓女的美德。

14. 何谓爱情

贪婪和爱情，对于这两个概念，我们的感觉是多么不同呀！然而，这可能只是同一个欲望的两种说法罢了。

一种说法是从已经占有者的立场出发的，在他们，欲望已呈静止状态，而只为"占有物"担心；另一种说法是从贪得无厌者和渴望者的立场出发的，所以将其美化为"好"。我们的博爱，它难道不是对新的财产的渴望吗？同样，我们对知识、对真理的爱,以及对新奇事物的追求是否也是这样呢?

只因我们对陈旧之物、对已占有之物慢慢感到厌倦,于是伸手去攫取新的。即使风景绝佳之地,我们只要住上三个月,就不再为我们所钟爱,而某处遥远的海滨则刺激起我们的贪欲。占有之物因为占有而变少了。我们对自己本身的兴趣总是由于这兴趣在我们身上变花样才得以维持,这也叫占有。一旦我们对占有物产生厌倦,也就对自己产生厌倦。(人们也可能因为占有太多而痛苦,把占有物抛弃或分给他人,可冠上"爱"的美名。)当我们看见某人受苦受难,就乐于利用此时的契机,攫取他的占有物,一如慈善者和同情者所为——他把获取新的占有物的欲念称之为"爱",他在其中得到欢乐,就像在一次即将成功的新的占有中感到欢乐一样。

一代代人的爱情最明显地表现为对占有的

追求。情郎总想绝对占有渴望得到的女人,也企盼对她的灵魂和肉体拥有绝对的权力,他欲单独被爱,欲作为至高无上的、最值得渴慕的人驻留和统御在女人的灵魂里。这着实意味着把所有的人排拒在珍贵的美好、幸福和享乐之外。这个情郎旨在把别的情敌搞得一贫如洗,让自己成为金库的主人,成为"征服者"和剥削者队伍中肆无忌惮和自私至极的人,别人对他来说是可有可无、苍白而无价值的,他随时准备制造牺牲,扰乱秩序,无视他人的利益。想到这些,人们不禁感到奇怪,这种疯狂的性爱贪欲和乖戾何以在历史上被大肆美化、圣化,以致人们从中获得的爱情概念居然是:爱情与自私是对立的。实际上呢,这爱情恰恰是货真价实的自私的代名词。对于这个说法,一无所有的人和渴望拥有的人还颇有微词哩;而那些在爱情方面被恩赐许多占有物因而也得到满足的人,比如在所有雅典人中最值得爱和被爱的索福克勒斯①有时也不免对爱情骂一声"疯狂的恶魔",然而,爱神厄洛斯随时都在笑话这类渎神者——恰恰是他们,一向是爱神最伟大的宠儿。

当然,在世界上到处存在一种爱的延续。在延续中,两个人的渴求指向另一种新渴求,指向共同的更高的目标,即位于他们上空的理想。可是,谁熟悉这种爱情呢?谁经历过这种爱情呢?它的正确名字叫友情。

15. 远 观

这座山使得被它控制的整个地区变得妩媚动人、身价倍增。我们在对自己说过一百遍这样的话之后,便失去冷静并对它感激不已,相信这山作为妩媚景致的赐予者必然是该地区最

---

① 索福克勒斯(前496—前406年),古希腊悲剧作家。

具魅力的，于是，我们终于登上此山。岂料兴味索然！这山，以及我们脚下的万般景色顿失魅力！

原来，我们忘却了这一层：许多的伟大，一如许多的美好，只能隔着一定的距离看，并且只可仰视，不宜俯瞰，这样，它们才能发挥效力。也许你是从近处熟悉人的，可那人总希望别人从远处看他，以便保持自己的吸引力，并对他人施加影响。自知之明，他是绝对不要的。

16. 越过小径

在同羞于表达自己情感的人交往时，必须乔装糊涂；他们会突然恨一个人，就因为这人当场识破了他们的某种温柔或热切高昂的情感，仿佛看穿了他们的什么秘密似的。假如此刻要向他们表达善意，那么最好设法让他们发笑，或者说一个使人冷静而有趣的话题，这样，他们的情感会重新冷冻起来，复归平静。

让我说说该从这故事中汲取什么教训吧。在生活中，我们彼此曾是亲密无间的，似乎没有什么东西阻碍我们的亲善和兄弟情谊。中间只隔一条小径。当你正越过小径时，我问："你想到我这儿来吗？"于是你就不想来了，当我再问，你已默然。自打这时起，我们中间出现了高峻的山岭、湍急的河流，使我们彼此疏离。纵然我们想重新往来，但已无能为力了！此时的你再忆及那条小径，也定然无话可说，唯有抽泣、愕然！

17. 对贫穷的激励

我们当然不可能通过某种魔术特技把穷人的美德变成富翁的美德，但是，我们可以把贫穷解释为一种美妙的必然性,这样,它的模样就不再令我们痛苦,我们也不再因它之故而对命运表露责备的神色。

智慧的园丁就是这样做的。他把自己花园里那条贫水的小溪引到水泉仙女塑像的手臂上,这样就对贫穷予以激赏:谁不马上向他要那个水神塑像呢?

18. 古代的傲慢

我们身上已不再有那种古代的高贵气质,因为我们的感情中已不存在古代奴隶。一个希腊贵族后裔觉得他的高贵和别人的下贱相距遥远,如隔云泥,以至他几乎无法把奴隶看个分明,柏拉图也是这样。我们则不同,已习惯于人人平等的理论,即使对这平等本身并不以为然。

某人若不能掌握自己的命运,又缺少闲情逸致,那我们绝不会鄙视他。也许在我们每个人身上存在太多的奴性,这是社会制度与社会活动使然,虽则这制度、活动与古时的迥然不同。

希腊哲学家是伴随一种隐秘的内心情感终其一生的:世间的奴隶比人们认为的要多得多,每个人都是,但只有哲学家不是。当他想到,世间最强有力的人物也与他的奴隶群为伍,他的傲慢便无限膨胀。这傲慢于我们是怪异的,我们断不会有此傲慢。在比喻中,"奴隶"这个词儿对我们根本没有什么力量。

19. 邪 恶

诸君在考察优秀绝伦、成就卓然的民族之时,会不由自主地发问:一棵傲然向上生长的大树能否免受暴风雨的侵袭呢?能否避免来自外部的不利因素和阻力呢？能否将形形色色的憎恨、嫉妒、偏见、猜忌、残酷、贪婪和暴力——没有这些东西，道德领域的大发展几乎是不可能的——排除在有利的生长环境之外呢？

毒剂可使弱者走向毁灭，但对于强者，它无异于增强剂，强者是绝不会把它称为毒剂的。

20. 愚昧的尊严

数千年来，直至上个世纪，人的所作所为中已显示出那绝顶的聪明。然而，聪明也许正因此而失掉自身的尊严。为人聪明虽然是必要的，但也是极为普通之事，以致一种令人讨厌的风气把这必要性视为卑劣。正如真理和科学的专横可以提升谎言的价值一样，聪明的专横也可以促进一种新式的高贵意识。

这或许意味着：高贵即头脑的愚昧。

21. 致无私的教师

人们称赞某人的美德,并不是基于这些美德对他本人有何影响,而是基于它们对大众和社会有何影响。人们在颂扬美德时,很少是"无私的""非自我本位的"!古今皆然。

人们似乎非要看到美德(诸如勤奋、服从、纯洁、虔诚、公正等)对德行者造成损害不可。美德是这些人强烈的本能欲望,而理性又不允许美德同其他的本能欲望保持均势。倘若你具备了某种真正完美的道德(而不是向往道德的小愿望),那么,你必然成为这道德的牺牲品!可是,你的最亲近者却因此在褒奖你的德行呢!

人们称颂勤奋的人,却根本无视此人的视力、思维及创意受到勤奋的损害;人们敬重和惋惜一个"鞠躬尽瘁"的青年,是出于这样的评价,"对整个社会而言,失去最优秀的个人,这牺牲是微不足道的!牺牲是必要的,当然也是可惜的，但更加可惜的是，个人的想法、个人对自身的保存与发展同服务于社会的宗旨相违背！"这就是说，人们惋惜这个青年不是因为他本人的缘故，而是因为他的亡故使社会失去了一个屈从的、大公无私的工具——所谓的"老实人"。也许人们会想，如果他不是如此忘我地工作而活得长久一些，是否更有益于社会呢？是的，人们已肯定了这个益处，但他们把另一个益处看得更高、更长远：一个人牺牲了，却再次直观地证明了牺牲者那勇于牺牲的精神！这意味着，美德包含一种工具的性质，褒扬美德就是褒扬工具的性质。另外，美德中存在着盲目的本能欲望（它们不受个人整体优势的控制，是美德中的非理性），由于这种非理性，个体转变为整体的职能了。颂扬美德就是颂扬某些损害个人的东西，也就是颂扬那样的本能欲望：它们剥夺了人的最宝贵的自我本位和最大限度保护自己的力量。

为了教导人养成符合道德的习惯,就必须扫除美德同个人利益结合起来的可能性。可事实上的确存在着这样的结合!比如,盲目的勤奋既是甘当工具的人的典型美德,也是发财和成名的途径、医治无聊和情欲的疗效显著的毒剂,然而,人们对于勤奋那极大的危害则讳莫如深。所谓对人的教育,就是试图通过一系列的吸引和好处而形成个人的思维方式及行为方式,这方式一旦成了习惯、本能和激情,就必然反对个人的根本利益,必然"有益于大众"。我常常看到,盲目地一味勤奋,的确导致名利双收,但也夺去肌体器官的敏锐与灵巧;它使人享受名利,也是抗御无聊和情欲的主要手段,但同时使感官迟钝,使心灵面对新的刺激而失控。(在所有时代中,我们这个时代最为忙碌,它知道以现有的勤奋和财力将无所进展,故而只能更加勤奋,获取更多的金钱;同样,许多天才人物也是付出多,收获少!我们的孙子辈也将会是这样！）

倘若对人的教育成功了，那么个人的种种美德将有益于公众，而不利于个人的最高目标，很可能造成个人的精神苦闷和个人的夭折。赞美无私者、献身者、德行者，就是赞美不把自己的力量和理性用于保存、发展、提升与促进自己和扩张权力的人，这样的人毫不考虑自己，为人谦逊，与世无争，但对他们的赞美绝非源于忘我的精神！"最亲近者"赞美无私，是因为他从中捞到了好处！假若他以为自己是"无私的"，他就应阻止损害个人利益的倾向，更重要的是，他应这样宣布自己的无私：他并没有对无私叫好啊！这就暗示了时下正受尊崇的道德的矛盾所在：道德的动机与道德的原则刚好相悖！道德用以证明自己的东西又受到道德标准的反驳！

"你应该舍弃自己，成为牺牲品。"这句话应该由那个舍弃个人利益、也许会在"个人应作牺牲"的要求下导致自身毁灭的人来宣布,这样才不致与他的道德标准相矛盾。一旦最亲近者(或者社会)为了公众利益而赞许利他主义时,马上就会有人说出刚好相反的话:"你应在无损他人的前提下寻求利益。"因此,"你应该"和"你不应该"都是对别人说教的。

22. 上帝为国王而存在

一天开始了,让我们开始安排一天的工作,安排我们仁慈君王的庆典,他现在还在安睡呢。今天天气不好,我们得当心,不要说不好,别提"天气"之事;我们可以把今天的事务干得比平时更庄重一些,把庆典搞得更隆重一些。陛下也许龙体欠安,早餐时,我们将向他禀报昨晚最后一条好消息:蒙田[①]先生来了,他善于

---

① 蒙田(1533—1592),法国哲学家和作家。

针对陛下的疾病说些让人愉快的玩笑话。陛下患的是结石病。

我们将接见几个人（人！其中一个鼓气的老青蛙听到这个字，不知会说什么呢！"我不是人，我一向是物。"他会这样说），接见时间将比预计的还要长些，原因是向客人大谈那位在门上写诗的诗人，诗曰："入门者使我感到荣幸；不入门者使我愉快。"可谓有礼、失礼兼备！这诗人也许对失礼处完全有辩解的理由。人说他的诗要比他这个拼凑打油诗的人好，于是，他说不定会继续大量写诗，尽可能遁世，这便是他有教养的意义所在了，亦即是他有教养的无教养的意义所在了！而一位君王总比他的"诗"更有价值，即使……

我们都在干些什么呀？我们在闲聊，而整个宫廷还以为我们在干活呢，宫廷知道我们遇上伤脑筋的事了：我们在窗台上点燃蜡烛之前是什么也看不见的。听！那不是钟声吗？见鬼！

一天开始了,舞会开始了,而我们却不知它在进行!我们必须临时安排,全世界都是临时安排每一天的,今天我们就按世界的做法安排!

我美妙的晨梦被打破了,极可能是被塔楼的钟声打破的。这钟声以其沉重性为特点,它现在宣告的是五点钟。我觉得,这次梦中的上帝是在同我的习惯开玩笑。我的习惯是让一天这样开始:让它适合于我,让它变得可以忍受。我可能经常这样做了,做得过于正规,赛过王子。

23. 腐败的征兆

人们注意到,社会上必然出现的腐败现象有如下征兆:

第一,当某地出现腐败,形形色色的异端成见便大行其道,而民族的整体信仰反而变得苍白无力了。成见就是二等自由思想,谁为成见所左右,谁就选择某种被他认可的形式和公式。他让自己有选择权。与信教的人相比,持有成见的人在"人格"上要高得多,存在成见的社会就是一个拥有众多特殊个体、对特殊事物感兴趣的社会。以此视之,成见相对信仰而言总还是一个进步;也是一种迹象,表明人们的思考能力进一步解放,并且有要求思想自由的权利。崇尚古老宗教的人也在指责腐败现象了,但又发表许多言论,对那些最自由的思想家的成见进行恶意中伤。让我们记住,成见是"启蒙"的征兆。

第二,人们因为社会衰退而指责发生腐败的社会。在这样的社会里,对战争的赞誉以及对战争的兴趣明显低迷,人们追求生活的舒适,就像当年追求武士的功名和体育竞赛的荣誉一样。然而,人们所忽视的一个事实是,那些古老民族在战争和体育竞技中得以辉煌展现的精力和激情时下几乎荡然无存,已转化为私人的激情了。诚然，在腐败社会里，一个民族耗费的精力比任何时代都多，个人精力也滥加抛掷。这在当初不大可能，因为那时人们还不够富裕啊！"衰败"的时代就是这样：悲剧无处不在上演，伟大的爱与恨层出不穷，知识的烈焰只面对上帝。

第三，人们好像是在对责备成见和衰落作补偿似的，惯于对腐败时代一再说什么：这时代比较温和宽松；相对古时自信而强盛的时代而言，其残酷性已经锐减。我无法同意这种赞扬，也不同意那种责备，我只承认，社会的残酷性时下已文雅化了，它的古老模式显然违背当今时尚，然而，用语言和眼神造成的伤害、折磨却达到极致，恶意，以恶意为乐，这是现在才创造出来的。腐败的人们很风趣，也爱诽谤。他们知道，除了匕首和突袭外，还有别的杀人手段；他们知道，人们相信一切好话。

第四，当"道德衰落"时，首先会涌现被

人们称为暴君的人物。他们是先驱，是个体中早熟的佼佼者，只消稍等片刻，这些果实中的果实就在民族之林中成熟，变得黄澄澄的。本来，只为这些果实之故才有这树林呀！

当腐败登峰造极并且爆发五花八门的暴君争斗时，必然会有恺撒式的暴君出来收拾残局，结束一场为争夺专制统治权而斗得精疲力竭的角逐，他充分利用了这"精疲力竭"，为自己。在恺撒时代，个人普遍十分成熟，因而"文化"极盛，硕果累累，这倒不是因为恺撒的缘故，尽管文化人中的翘楚向恺撒谄媚说，他们的一切均系恺撒所赐。事实是，这些人需要外部的安宁，因为他们内心混乱不堪。在这样的时代，贿赂及背叛无以复加，因为对不久才发现的"自我"之爱远比对古老而衰弱的"祖国"之爱强烈；面对动荡不安的命运要稳定自己，这种需要使得高贵者伸出双手，表示愿意接受有钱有势者向他们手里倾倒黄金。而如今，很少能展望一个确定的未来,人们都为今天而活,这种心态使得骗子有空子可钻,玩弄一些容易得手的伎俩。人们极易"为今天"而受骗或受贿,而把未来留给道德!众所周知,这些只为一己私利的个人比统治者更关心眼前,对自己和对未来都同样无法预计。他们也喜欢同拥有强权的人物结合,相信自己有办事和打听情况的能力,而这能力在普通人那里既得不到理解,又得不到好处;专制者或恺撒也很能理解个人的权利,哪怕个人有不法行为。他们也有兴趣为一种勇敢的私人道德说话并伸出援助之手。专制者也是用拿破仑一次堪称经典的讲话来看待自己的:"人们对我的一切指控,我有权用'这就是我'这句话来回答。我是置身事外的,不受任何人的制约。我要求人们服从我,哪怕是我的幻想也得服从。人们应该毫不费力就能找到我的幻想,我专注于这种或那种娱乐之时的幻想。"拿破仑一次对妻子说,她有理由怀疑丈夫对婚姻的忠诚。

腐败的时代是苹果从树上掉下来的时代。苹果,我指的是个人、未来的播种者、精神拓殖的始作俑者、重建国家与社会联合构架的首创者。腐败只是一个民族在秋收时节的骂名。

24. 不同的不满

柔弱的、不满的女性对于美化、深化生活具有想象力,而不满的男性——总是以男子汉大丈夫的形象出现——对于改善、稳定生活具有创意。

前者有时甘愿让自己受骗,也乐意接受一点麻醉和狂热,这就表现了她们的弱点和妇道人家的本性,但从总体上说,她们从来就是得不到满足的,且为这无法医治的不满而苦恼,促使一些人创造麻醉剂、镇静剂一类的安慰办法，但她们正因此怨恨那些把医生看得比牧师还重的人，这样，她们是在为现实社会的苟延残喘而助兴了！假若自中世纪以来欧洲没有无数这样的不满意者，也许就不可能产生欧洲人那闻名的不断思变的能力了。

男性不满者的要求过于粗略，从根本上说要求不高，故总能获得安宁。

欧洲是个病人，它应深深感谢它的无可救药，感谢疾病的不断变化。持续的新形势、新危机、新痛苦、新解救办法最终将产生一种过敏的理智，这敏感差不多就是天才，不管怎样总可以称之为天才之母吧。

25. 预先认定不可知

世间存在一种并非罕见的、愚蠢的谦卑，人一沾上它，就永远成不了认知的高手。

比如，某人看到某人引人注目的东西转身就跑，对自己说："你受骗了！你的感官到哪儿去啦！这不可能是真的！"于是，他不再作更仔细的观察、更敏锐的倾听，而是像受到惊吓一般，退避三舍，竭力尽快将此物忘却。他内心的准则是："凡与普遍观点相违背的东西，我都不要看！我也有资格发现真理吗？发现真理的人已经多如牛毛了。"

26. 生命是什么

生命意味着，不断把想死的东西从身边推开；生命意味着，对抗我们身边的——也不只是我们身边的——一切虚弱而老朽的东西。那么，生命是否就意味着，毫无孝心地对付濒死者、可怜人和行将就木者呢？一直充当杀手呢？

可是，老摩西曾经告诫："你不应杀生！"

27. 厌世者

厌世者在干些什么呢？他倾力欲达更高的世界，想比所有肯定人生的人飞得高远。他抛却许多碍于飞行的东西。有些东西对他并非无价值，也并非不钟爱，但也被他扔到下面，为了向上的欲望而将其牺牲。这抛却和牺牲是他身上唯一可见的东西。

于是，人们就赐给他一个厌世者的美名，他也就仗着这名分挺立于我们面前，裹着修道士头巾，犹如穿忏悔衫的幽灵。他对于自己给我们造成的影响是十分满意的。他要对我们隐晦的正是他的欲望、得意和超越我们的企图啊。是呀！他比我们想象的要聪明些，况且对我们如此谦恭有礼。好一个肯定人生的家伙！尽管他厌世，但与我们毫无二致。

28. 至善有害

强者只顾推着我们向前,致使我们弱者无法坚持,我们终会死在他们手里。对于这一结局,我们虽有预见,但却无力改变。于是,我们对于自己身上本该受保护的东西也变得残酷了。我们的伟大即是我们的冷酷无情。

我们终将为这一经历的结局付出一生的代价,这恰恰是伟人影响别人和时代的全部写照:正是由于他们的至善,由于只有他们能做的事才使许多弱者、不稳定者、成长者和理想者走向毁灭,因此伟人是有害的。

也可能出现一味造成损害的情形,因为他们的至善只被那些失去理智和自我的人所接受,像饮烈酒一样将其喝光,于是酩酊大醉,走上错路,摔得支离破碎。

29. 作补充说明的骗子

在法国,当有人开始为亚里士多德所倡导的古典戏剧"三一律"而斗争和辩护时,我们再度看见那时常可见又不愿见的一幕:

为了让某些旧的规则继续存在,人们就为自己编造理由,而绝不承认习惯于旧规则的统治,也不承认不希望有新的规则出现。在每种占统治地位的道德和宗教内部,人们也如法炮制,古今皆然。当有人开始对习惯产生争议,并问及理由和目的时,人们就要在习惯后面补充、添加理由和目的。

历代保守者的伟大虚伪性就在于此,他们是作补充说明的骗子!

30. 名人的喜剧

名人,比如所有的政治家,无不需要名望。他们择友从来都有私下打算的:从这个人身上获取美德的光辉,从那个人身上拿来某些耳熟能详的个性,从第三者身上窃得"躺着晒太阳"的懒鬼名声——这毛病若偶尔为之并无大碍,会被视为闲散和随便,反而对扬名有益。

名人总是在窥探和物色身边所需要的人,一会儿是幻想家,一会儿是行家里手,一会儿是想入非非者,一会儿是学究。这些人宛如他们的替身,可是未久即被一脚踢开。如此这般,名人的周围便不断出现无人的空白,但同时又有一些人不断蜂拥而至,想变为名人的"个性"。于是,这儿总是熙来攘往,一如通都大邑的繁忙。

就像名人的个性一样,名人的名望是不断

变化的,其变化手段要求这种变化,他们一会儿把这种、一会儿把那种真实的或杜撰的个性搬上舞台,当然也希望保留某些固定的、光彩照人的个性,这对于他们的喜剧和舞台表演艺术也是不可或缺的。

31. 买卖与高贵

买卖与读书、写作一样,现在均被视为平常事,人人都在接受它的训练,即使不是生意人,也都每日在演练买卖的技艺,正如人类尚未开化之时,每人都是猎手,且每天都在训练猎技一样。那时,打猎是极为普通的事。然而,当它后来演变为权贵们的特权,便失去了日常和普通的特色,它不再是日常之需,而是奢华的雅兴了。

总有一天,买卖也会变成这副模样的。可

以看见必将出现这样的社会：不存在买卖行为，不需要买卖技艺，届时也许会有某些不大服从社会普通法规的人胆大妄为，把买卖当成一种感情的豪奢，那就使买卖变得高贵起来了，贵族也许会同样乐于献身商贸了，就像迄今献身于战争和政治一样。而政治到那时反倒一文不值了，它不再是高贵者的事业，人们将认为它卑鄙龌龊，简直可以将它与党派文学、通俗文学一并列入"精神卖淫"之列。

32. 不受欢迎的门生

"对这两个小家伙，我该怎么办呢？"一位哲学家沮丧地嚷道。该哲学家"败坏"了青年，一如当年苏格拉底所为。——他们是我不喜欢的门生，其中的一个连"不"都不会说，另一个逢人便讲"一半对一半"。

要是他们运用我的理论,前者将大吃苦头,因为我的思维方式要求有斗士的灵魂,给人制造痛苦的意志,喜欢说"不",皮肤要硬;可他却会因外伤、内伤而久病衰弱下去;另一位遇事必取骑墙态度,事事做得适中。

我倒希望我的敌人拥有这样的门生。

33. 教室之外

"为了向诸位证实,人从本质上说是善良的动物,我要提请诸位注意这个事实:早先,人是很轻信的;经过相当长的时间和无数次战胜自我之后,现在人变成怀疑的动物了。是的,人现在的确比以前坏了。"——"我不明白,人缘何现在变得更坏、疑心更重了呢?"——"因为他现在掌握了一门科学,他非有这科学不可!"

34. 隐藏的历史

伟人无不具备反作用力。由于伟人的缘故,所有的历史都被重新置于天平上衡量,往昔成千上万个秘密从历史的隐匿角落爬了出来,进入伟人的阳光下。

谁也无法预测,历史将来会是什么样子。也许,过去的历史基本上还未被发现哩!所以还需要很多这样的反作用力啊!

35. 异端邪说与巫术

违背习俗地进行思考,这早已不是什么优秀的智力行为,而是强烈、摆脱羁绊、自我孤立、倔强、幸灾乐祸、邪恶的习性行为。异端邪说是巫术的侧面,它同巫术一样,自然是不足称道的,但也无害,或者说,本身还是值得尊重的。

异端邪说者和巫师是两类恶人,其共同点是:既感到自己是邪恶的,又都有不可征服的嗜好,即喜欢破坏占统治地位的东西(人或观念)。

宗教改革是中世纪精神的强化,当这种精神失去良知,宗教改革便促使这两类人大量涌现。

36. 遗 言

奥古斯都[①]大帝是个可畏的人物,但是,当他强权在握、炙手可热之时,却也能像睿智的苏格拉底一样保持沉默。人们定然记得,他的临终遗言直言不讳地糟践了自己,首次拉下了假面具。大意是说:他戴着假面上演了一场喜剧,饰演了"国父"这一角色,表现了皇帝的

---

① 奥古斯都(公元前63—公元14年),古罗马皇帝。

智慧，演得可谓精彩绝伦，说有多精彩就有多精彩！朋友们，为我鼓掌吧，喜剧到此结束啦！

濒死的尼禄[①]冒出"多么伟大的艺术家呀"这个想法，正好是奥古斯都临终时的想法。演员的虚荣！演员的胡诌！与弥留之际的苏格拉底恰好形成反差！提比留斯[②]，这个最折磨自己的人死得倒很安详，此人乃真正的皇帝，而非演员。他临死时想什么呢？大抵是这样的："生，就是长时间的死。我真蠢，干吗使那么多人折了寿！我的目的不就是做个施善的人么？我本应赐给他们永恒的生命，也就是看见他们永恒的死亡。瞧着他们死，我的眼力好着呐！你们这些了不起的观众呀！"当提比留斯经过长时的垂死挣扎又似乎恢复一些力气时，有人建议用枕头把他捂死——他等于死了两次。

[①] 尼禄（37—68），古罗马之暴君。
[②] 提比留斯（14—37），古罗马皇帝。

37. 三种错误

在近几个世纪中,人们大大促进了科学。一方面,是因为人们希望用科学对上帝的善意和智慧作最佳的理解,这个主要动机存在于英国伟人的灵魂里(比如牛顿);另一方面,是因为人们相信知识的功利,尤其相信知识可与道德和幸福结合起来,这个主要动机存在于法国伟人的灵魂里(比如伏尔泰);再一方面,是因为人们认为,在科学中可以获得并喜爱某些无私、无害、无辜、使自己满足的东西,它们根本不掺杂人的恶欲,这个主要动机存在于斯宾诺莎的灵魂里。斯宾诺莎作为认知者,自我感觉十分神圣。

总而言之,这是三种错误的动机!

38. 爆炸的人

若念及青年人的力量随时处于可能爆炸的状态,那么,当看见他们在决定做这件事或那件事并不是精心地选择,也绝少选择之时,也就毫不足奇了。

吸引青年人的东西是做某件事的热情——宛如燃烧的导火线,而非事情本身。所以,精明一点的误导者善于向青年人许诺爆炸,而免谈干事情的理由;若谈理由,他就得不到这些火药瓶了!

39. 改变了的趣味

大众趣味的改变比观点的改变还重要,观点连同一切论据、反驳和整个理性面具仅仅是改变了的趣味之征兆罢了,而绝非它的根源。

大众的趣味是怎样改变的呢？是由于权贵和社会闻人恬不知耻地贯彻己意，陈说他们喜欢或厌恶的评价标准并强迫他人接受，由此慢慢变成多数人的、最终变成大家的风气了。

这些霸道者的感觉和"口味"与众不同，其原因在于他们古怪的生活方式、奇特的营养和消化，说不定也在于他们血液和头脑中无机盐的多寡，一言以蔽之，在于他们的特异生理。他们理直气壮地相信自己的生理，对生理用那最细微、最优美的声音提出的种种要求言听计从。须知，他们的美学和道德评价就是其生理的"最优美的声音"啊。

40. 缺乏高贵风度

士兵和军官的关系远远高于工人和雇主的关系。已建立的军事文明至少在目前还高于所谓的工业文明，后者是有史以来一种最卑鄙的存在状态。

在这儿起作用的乃是为生活所迫的律则：人们要生活，不得不出卖自己；但是人们蔑视那些乘人之危收买劳工的人。奇怪的是，服从可怕的强人、暴君和军事首领远远没有像服从那些名声不响、枯燥乏味之人，比如工业界巨子那么痛苦。工人惯于视雇主为狡诈、吸血的寡廉鲜耻之徒，他们充分利用他人的危难搞投机而全然不顾自己的形象、道德和名声。时下，厂主和商界大亨着实太缺乏高贵者那吸引人的仪表和气质了。倘若他们具有世袭贵族那高贵的眼神和优雅的姿态，那么，也许就不存在社会主义群众运动了，因为群众从根本上说是甘受奴役的，但先决条件是凌驾于头顶的上等人要证明自己是高尚的，天生就是发号施令的，而且要用高贵的风度来证明！连最普通的人也知道，高尚不是随便装得出来的，所以，他们十分敬重那经年累月从高尚中孕育出来的果实。

然而,脑满肠肥的厂主缺乏高贵的风度,臭名远扬,遂使普通人产生一个想法:一个人凌驾他人之上原来全凭偶幸和运气,那好吧,我们普通人也来试试自己的偶幸和运气吧!让我们也来掷骰子吧!如此这般,社会主义运动就开始了。

41. 懊 悔

思想家把他的行为看成是为了获得某种启迪的试验和疑问,所以,成功与失败便是首要的答案。某事失败了,他就感到恼怒,甚至懊悔。

他又把恼怒和懊悔留给受命做此事的人,这些人正等着遭鞭笞,倘若恩主对成功不满的话。

42. 工作与无聊

为了挣钱而找工作,这在文明国度几乎人人都是这样。工作是手段而非目的,所以,人们对工作并不精心挑选,只要它能带来丰厚的酬金就行。

那种宁愿死也不干活的人越来越罕见了,要有,那就是难以满足的挑剔者,他们不以酬劳丰富而满足,除非工作本身使其满足。形形色色的艺术家和静观默察者属于这类怪人,还包括将其一生耗费在打猎、旅游、冒险和爱情交易上的懒鬼。这类人也想工作,但工作必须符合兴趣。如果符合了,他们就不计艰危,最繁重、最艰苦的工作也干;否则就断然懒散下去,哪怕因此受穷、丢脸、发生健康和生存危机而全然不顾。他们并不怎么害怕无聊,倒是更害怕干没有兴趣的工作。

对于思想家和极富创意的奇才而言，无聊意味着灵魂"静若止水"，这自然十分讨厌，这灵魂本是幸福旅程和快乐之风的前导啊！可他们不得不忍受无聊，任凭它在自己身上施以影响。而这恰恰是下等人做不到的。

想方设法把无聊从自己身上驱逐，这是人之常情，正如没有兴趣也干活一样普遍。相对欧洲人来说，亚洲人更能忍受长久而深沉的宁静，显示出他们的优势。亚洲人的麻醉剂也作用缓慢，要求人们忍耐，与欧洲的毒剂和烈酒那突发的效力迥异，这效力令人不怎么舒服。

43. 法律体现了什么

人们在研究一个民族的刑法时，常常会犯一个错误，即认为这刑法体现了这民族的特性。实际上，法律体现的恰是这个民族感到陌生、古怪、罕见、充满异域情调的东西。法律只同习俗的例外情形相关。峻法严刑打击的对象是顺应异国民族之习俗的东西。

伊斯兰教的清教徒只有两种死罪:一是除信仰清教派的真主外还信仰另一个真主,二是吸烟(他们称之为"可耻的酗酒行为")。一位得知此事的英国人感到惊异,便问:"那么,杀人和通奸呢?"老族长答道:"真主对这些是仁慈和怜悯的!"

古罗马人认为,一个女人如若通奸或喝酒就是犯了死罪。老凯多①说,当时,与亲近的人接吻已成习惯,那是为了检查女人是否喝过酒,闻一闻她有没有酒味。人们确实当场抓到许多饮酒的女人,并且将其处死,原因当然不仅仅是因为这些女人在酒精的作用下忘记矢口否认喝过酒,主要还是因为罗马人有所畏惧:害怕

---

① 老凯多,古罗马将军和政治家,其曾孙小凯多为哲学家。

南欧妇女受狂饮滥醉的侵害。那时,酒刚刚传入欧洲,这可是叫人忧心的外国习俗呀!它足以动摇罗马人情感的根基!这无异于背叛罗马,同外国沆瀣一气!

44. 相信动机

想知道人类行为所依据的动机,这是重要的,但对于研究者来说,更重要的是相信这种或那种动机,亦即相信人类迄今为止当做并想象为自身行为的杠杆的东西。

人们内心的幸福和痛苦是依据他们对这种或那种动机的相信与否而定的,并非是依据真的动机!动机只能引起人们的二等兴趣。

45. 伊壁鸠鲁

关于伊壁鸠鲁①的个性，我的感觉也许与别人不同，这正是我引以为荣的地方。

我读他的文章，听他的话语，均是一种享受，享受着古时一个午后的幸福。我见他双目凝望白茫茫的辽阔海面，在海滨巉岩的上空，艳阳高照，大大小小的动物沐浴着阳光，在嬉戏中显出怡然自得的神情，就像阳光和伊壁鸠鲁的眼神一样。

这样的幸福，只有长期患病的人才能体会，这是眼福啊。人生的大海在这双眼睛面前已呈静止状态。对色泽斑斓、柔和而令人悚惧的海面总也看不厌。从来没有过这般简朴的极乐。

---

① 伊壁鸠鲁（前341—前270年），古希腊哲学家，他认为以道德、教养为规范的享乐，是人生的至善之境。

46. 我们惊讶

存在着一种深深的幸福感：科学探究出的那些事物经受住了考验，并且一再提供新的动机让人作新的探究。也可能还有不同的情况，是呀，我们对于自己评估的不稳定性和喜欢作种种幻想、对于人类的一切规律和概念的不断改变，一概深信不疑了，这就不能不使我们大为惊讶，科学的成果竟然如此恒久不变！

从前，人们不知道人的一切均可改变；道德习俗总是以为人的内心生活是用夹子固定在铁刨上的。如果当时让人讲童话和仙女故事，人们也许会感到类似的惊讶。人们对规律和永久性要是感到腻味了，神奇的事物就会使他们快乐。来一次，离开地面吧！飘浮在空中吧！迷失自我吧！疯狂吧！——此乃古人幻想的天堂般的纵情享乐。而我们的幸福则类似遭遇海难之后重新登岸，双脚立于古老而坚实的土地，惊诧的是，这土地并未发生动摇。

47. 论激情的压抑

假定人们长期不让自己的激情释放，把表现激情视为"卑下"、粗鲁、小市民气、农民的特性，换句话说，假定人们压抑表现激情的语言和表情姿态（并非压抑激情本身），那么造成的结果将适得其反，就是说压抑了激情本身，至少是对激情的削弱和改变。

路易十四的宫廷及其所有的附庸就是最具教训的实例，嗣后的一个时代因沐浴着压抑激情的教化，故而激情荡然无存，代之而起的是一派妩媚、浅薄、矫揉造作的习气，人们连表现粗野举止的能力也不具备了，面对侮辱，也只用彬彬有礼的言辞接受或回敬。

当代的情形刚好相反。生活中，舞台上，尤其在出版物中，狂乱和乖张的激情俯拾皆是，时下人们要的就是激情的习气，而非激情本身！

尽管如此，人们终究会获得激情的。到那时，我们的后代将具备真正的粗野，而不仅仅是形式上的粗野。

48. 对痛苦的认识

人和时代对痛苦即对心灵和肉体痛苦的认识不同，这是区分人与人、时代与时代的无可替代的标识。

关于肉体痛苦，尽管我们的健康大受损害，衰弱不堪，但因缺乏足够的自我体验，故而我辈同恐怖时代相比既蠢钝又喜幻想。恐怖时代是最漫长的时代，各人为了免受暴力的侵害，必须自我保护，甚至不得不成为施暴者。当时，人们对肉体的痛苦和残疾有着丰富的历练,把遭受残酷、自愿经受痛苦视为必不可少的自我保存手段。人们既教育周围的人要忍受痛苦,又乐于给别人添加痛苦,看见令人发指的痛苦被转嫁到他人身上,自己便只剩下一种感觉,即自我安全感。

关于心灵痛苦,我是这样观察每个人的:看他是用自身的经验还是用旁人的描述认识它;看他是否尽管佯装痛苦,但仍然认为有必要把痛苦当做精心塑造自己的一种标识;或者,看他是干脆否认自己心灵底蕴的剧痛,还是直言这剧痛,就像直言肉体的剧痛比如牙痛胃痛一样。

可是,现在大多数人给我的印象是这样的:由于对双重痛苦缺乏普遍的历练,受苦者的模样又是很奇特可怕,故而产生的后果是:时下人们与过去的人相比,对痛苦的憎恶可谓刻骨铭心,对它的非难远胜于当时,觉得痛苦的存在——不妨说是理念中痛苦的存在——几乎无法忍受,从而谴责整个世界失去天良。种种悲观主义哲学的登场断然不是象征着可怕的剧痛,而是对各个时代的一切价值提出怀疑。在这些时代,生活的闲适和轻松使得心灵和肉体的小痛苦看似充满血腥味的凶神恶煞,其实那痛苦就像蚊子叮咬一般,况且在所难免,而且由于人们缺乏真正的痛苦体验,生活的闲适和轻松又使得普遍的痛苦理念像是无以复加的痛苦似的。

现在,已有一种药方可以医治悲观主义哲学和痛苦过敏性——我以为这过敏性就是"当代的痛苦"。可是,这药方听起来着实过于残酷,它或许可以列入那一类病症,即人们据此可以判断"存在即恶"的病症。那么,诊治"痛苦"的药方便是痛苦。

49. 雅量及其他

一些看似矛盾的现象,比如心绪良好的人突然变得冷漠,忧郁的人突然变得幽默,又比如某人突然打消报复心,或者用嫉妒的办法使自己得到满足的这一类宽容,会出现在那些具有强大内驱力的人身上,即那些会突感满足或厌恶的人身上。

他们的满足来得如此神速而强烈,以至于顷刻间即感厌恶,走向反面,出现情感的剧烈震颤,有人突然冷漠,有人狂笑,有人涕泪滂沱甚至自杀。我以为,宽宏大量的人,至少是他们中给人印象殊深者,是极度渴望报复的人。他们在意念中像饮醇酒似的将满意一饮而尽,厌恶便接踵而至。他们乔装"超越自我",正如人们所说的那样,他们原谅了敌人,甚至还对敌人表示祝福和尊敬。他们如此强暴自己,如此嘲笑自己刚才还很炽烈的报复欲望,其目的就是向新的欲望即厌恶让步，此刻，他们内心的厌恶已经无以复加，就像他们刚才在意念中扼杀了报复的欲望一样，现在也把厌恶一饮而尽。

雅量的自私与报复的自私处于同一等级，只是性质不同罢了。

50. 孤立的原因

即使是最有良心的人，良心的谴责面对这样的情感也是软弱无力的："这个或那个东西是违背社会习俗的"。最强者也害怕旁人的冷眼和轻蔑，他是这些人当中受过教育的，而且是为了这些人才接受教育的。他到底怕什么呢？怕孤立！这个理由把做人和做事的最佳理由打倒了！——我们群体本性如是说。

51. 真理意识

我赞美一切怀疑。我冒昧地对怀疑说:"让我们试验一下!"不过,凡是不让进行试验的事物和问题,我是无意过问的,这就是我的"真理意识"的极限,因为在这极限上,勇敢失去了它的权利。

52. 别人了解我们什么

人们以为,我们对自己了解多少,在记忆里保持多少了解,这对于我们生活的幸福并不起决定作用。

别人了解我们什么(或者以为了解什么),有一天终于冲着我们来了,这时我们才知,这是更厉害的东西。这些人战胜自己的坏心眼要比战胜自己的坏名誉更容易。

53. 善的起源

邪恶的欲望变得文雅了,故微弱的视力看不清它的真面目,凡是在出现这种情况的地方,人们就开始建立善的王国。"现已进入善的王国",这情感使得所有受恶欲威胁和限制的本能欲望,比如安全感、舒适感、友善感等一起激动起来,这就意味着,视力愈弱,则善的延伸愈广。所以,老百姓和儿童总是乐呵呵的,而伟大的思想家则忧郁、悲痛异常!

54. 虚假的意识

我对整个存在的认识使我觉得新奇,同时也觉可怕和可笑。我发现,古民、古代动物,即有感觉的所有原始时代及历史继续在我的内心作诗,在爱着恨着,在作推论——蓦然,我从梦中惊醒,只剩下一个意识:我正在做梦,必须继续做梦,才不致毁灭,正如夜游人必须继续做梦,才不致跌入深渊一样。

对我而言,"虚假"是什么呢?它肯定不是真实的反面!也不是随意可以给人戴上和取下的死面具!在我,虚假是发挥功能、活生生的东西,它总是自嘲,让我感到,这儿仅有虚假、鬼火和幽灵之舞;在梦幻者的队伍中也有我这个跳着自己舞蹈的"认知者";认知者乃是延长人生之舞的工具,是筹备整个人生庆典的人员之一;一切知识的崇高结论、一切知识的相互沟通必将是至高无上的工具,它维持着普遍的梦幻,使梦幻者互相理解,并且使梦幻得以延续。

55. 什么东西使人变得"高尚"

什么东西使人变得"高尚"呢?当然不

是勇于牺牲——纵欲之徒也会作出牺牲；当然不是人顺应的某种激情——世间存在种种可鄙的激情；当然也不是人无私地为他人做点什么——也许，最高尚的人恰恰是最自私的人。

那么，使人变得高尚的东西，就是那种产生于高尚之士且又不为他所察觉的奇特的激情，是他运用的罕见而独有的尺度和几近癫狂的气质，是他那对于被众人冷淡的事物的炽热情怀，是他能认清那些连任何衡器都无法衡量的价值，是他奉献给无名之神的祭坛牲礼——不求闻达的英雄气概以及向世人和万类倾诉的过分的知足。总之，是迄今罕见的东西，并且对这罕见的东西并不自知，才使人变得高尚起来。

可能有人会想，要是运用这一原则，那么，一切通常的、最熟悉的、不可缺少的东西，也就是大多数人借以维持人的本性的东西，甚而人类迄今一切常规统统没有得到公允的评价，统统受到污蔑，且只有利于特殊古怪的事物。

他们要做常规的辩护律师，这或许是人间表现高尚意识的最终形式和精明所在了。

56. 向往痛苦的欲望

当我想起，凡是人总想做事，做事的欲望在不断刺激着欧洲千百万百无聊赖的青年，这时我也就猜想，他们必定也有一种受苦的欲望吧，这样便能从痛苦中找到某种行动的动机了，尽管这动机颇有疑问。痛苦是必不可少的！于是就有政客的呐喊，就有各阶层人士各种虚伪、臆造、夸大其词的"痛苦状态"，也就有了欣然相信这些东西的盲目性。

欧洲青年希冀遭受外来的不幸（而不要幸福），而且这不幸要让大家看见才好。他们的想象力事先颇为忙碌，把不幸想象成妖怪，然后再想象同这妖怪搏斗。这些向往痛苦的年轻人既能在内心增添快乐，也就懂得在内心制造痛苦。当他们把痛苦的呐喊和情愫铺天盖地充塞世间之时，他们的臆造也就更高雅了，满足感也就宛如美妙的音乐奏响了！

他们不知如何自处，于是把别人的不幸画在墙上，他们总也离不开别人，甚至离不开别人的别人！朋友们，恕我冒昧地把自己的幸福画在墙上吧！

57. 致现实主义者

你们，清醒的人们啊，总以为自己是全力反对激情和幻想的，总乐于从自己的空虚中制造豪情和矫饰。你们自称现实主义者，向别人暗示，世界就是这样实实在在呈现在你们面前，它只在你们面前才揭下面纱，而你们堪称世界的精华。

——啊，你们，亲爱的赛斯之形象！
揭下面纱，你们不也和鱼儿一样，
是激情万丈的、忧郁的生灵，
不也类似热恋的艺术家？①

对于一个热恋的艺术家而言，什么是"真实"呢？你们仍然崇尚那些起源于过去几个世纪之激情和热恋的事物！你们的清醒总是掺杂着隐秘的、无可消除的醉意！就说你们对"真实"的爱恋吧，噢，那真是一种古老、原始的"爱"呀！它充塞在一切情感和感官印象里，还与某种幻想、偏见、非理性、无知、恐惧等交织在一起。

那儿的一座山呀！那儿的一片云呀！它们的"真实"又是什么呢？你们，清醒的人们啊，能抽掉那山那云的幻象和人为的添加物吗？你

---

① 引自德国诗人席勒的诗《赛斯之形象》。

们能遗忘自己的出身、过去的历史、学前的教育,即你们整个的人性和兽性吗?

对我们来说,并不存在什么"真实";对你们也不存在。我们之间的陌生程度并不是你们所认为的那样大。然而,我们要超越醉意的良好意愿,也许与你们无能克服醉意的信念是同样明显的。

58. 只能当创造者

我发现事物的名称远远重于事物的本质,这件事曾经使我而且一直使我异常吃力。声誉、名号、外表、效力、事物的一般范围和分量,这些东西在产生时便是错误的,是随心所欲,像给事物披上一件外衣,而与事物的实质甚至与事物的皮相也风马牛不相及,但由于世世代代对这些东西都很相信,且这种信任还在不断加深，久而久之，它们就在事物中不断壮大，甚至变成事物本身了。表象终于成了本质，并且作为本质在发挥作用！

倘若认为只要指出这初始的表象和空幻的雾障便可消灭有效的"现实"世界，那才是愚不可及的蠢人呢！只有作为创造者，我们才能去消灭！但我们也不能忘记，只要创造新的名称、评估和可能性，便足以持续创造出新的"事物"来。

59. 我们艺术家啊

当我们爱着一个女人的时候，就很容易对人的自然本性产生一种恨意，想到每个女人一味听从于自然本性的摆布，这实在叫人讨厌，不想这些也罢；可是，一旦我们的灵魂接触这些东西的时候，就会立即出现痉挛，灵魂会给自然本性投去轻蔑的一瞥：我们受到了伤害，自然本性用它那亵渎的手干涉了我们的所有。于是，我们面对生理学用手捂住耳朵，在内心秘密地给自己下命令："我不能听信，人是灵魂和躯壳以外的其他东西！"所有爱恋者都认为"包着一层皮的人"可憎，是对上帝和爱情的亵渎。

当初每个崇拜"万能"上帝的人对于自然本性的看法与时下的爱恋者并无二致。他们把天文学家、地质学家、生理学家和医生所说的自然看成是干涉了他们珍贵的所有，因而是一种攻击，觉得攻击者真厚颜无耻！他们一听"自然规律"就觉得是对上帝的中伤。从根本上说，他们真想看到所有的驱动力复原成道德的意志和专断行为才好。但是无人帮他们证实这一点，所以只好对自然本性和驱动力隐而不彰，而一味沉溺于梦幻。噢，当初这些人真善于寻梦，而无须首先入睡！

我们现代人更老于此道，有着保持清醒、

向往白天的良好意志！只要去爱、去恨、去渴求、去感受，那么，思想和梦幻的力量就充满我们全身，我们就睁着双眼坦然面对危险，沿着艰险之路向上攀登，登上天马行空般幻想的极巅，竟然没有出现丝毫的晕眩，仿佛天性就适合于攀登似的。我们艺术家啊，真是白日寻梦者！隐匿天性者！渴望月球和上帝的人！我们，沉默无语、不知疲倦的浪游人呀，并不视高处为高处，而是视为平地和安全处！

60. 女人及其向远处的辐射力

我还有耳吗？除了耳我就别无所有吗？此刻，我陷于波涛汹涌般的激情中，白热化的欲火从我哮声、呼号声、尖叫声全方位地向我袭来，在最深处，年迈的地震之神在歌唱，声音沉闷，似一头公牛的怒吼，它踏着惊天动地的节拍，致使心脏这块风化的奇岩怪石颤抖不已。蓦然，一条巨大的帆船出现在这地狱迷宫的前面，离门仅有几寻①远，像一个幽灵滑过来了。

啊！这幽灵似的美人啊！她到底用什么魔法将我擒获！什么？世间的一切安宁和缄默全都装载在这只船上？我的幸福也载于这悄然的福地吗？还有幸福的我以及第二个永恒的自我也在此处吗？我是不死不活的、幽灵似的、寂静的、观察着的、滑行着的、飘浮着的中间物吗？是的，我也如同那船，那挂着白帆、宛如一只硕大无朋的蝴蝶从黑色海面漂过的船！飘过人生的存在！——似乎是这儿的喧嚣把我变成幻想者了？巨大的喧嚣使我把幸福置于宁静，置于远方。当男人置身于喧嚣和他构想和设计的汹涌波涛中，就会看见宁静的、魅力无穷的美人儿从他身边掠过，他羡慕丽人的幸福和隐退。

---

① 寻，古代长度单位，相当于两臂伸张的长度，约合1.6米。

男人认为,他那较优秀的自我就安住在女人身上。在这宁静的温柔乡,喧嚣无比的激浪也会变得悄无声息,人生也会变成超越人生的梦境。

可是!我的高贵的狂热者呀,即使在最漂亮的帆船上也有如许的喧闹和噪声!女人的魅力和至强的效应,用哲人的话来说,乃是向远处的辐射力。与此相关,首要的是保持距离!

61. 敬重友情

在古代,友情被视为最高的情操,高于知足者和智者的自尊心,比自尊心更神圣。这,可以从马其顿国王的一则故事中得到充分说明。

这国王捐钱给雅典一位玩世不恭的哲学家,结果钱被退了回来。"怎么?"国王问,"他难道没有朋友吗?"

这话的意思是：我敬重智者和独立处世者的自尊心，但是，如果在他心目中朋友的分量胜过自尊心的话，我会更敬重他的人格。哲学家要是不懂得两种感情孰重孰轻，那么，他在我面前就自我降格了。

62. 爱 情

爱情甚至宽恕被爱者的过分的情欲。

63. 音乐中的女人

和煦的、略带雨意的风何以产生音乐的氛围和富于创意的欢悦旋律？它就是那吹拂在教堂里并赐给女人恋情的风么？

64. 怀疑者

我担心女人年纪一大,其内心深处比男人的疑心更重,把存在的表面当成存在的实质,而一切美德和深层的东西反倒被她们认为是这"真实"的遮羞布,是既体面又羞耻的东西,仅此而已。

65. 奉 献

贵妇人思想贫乏,为了表示衷心的奉献,她们就献出贞操和羞耻心,此外就不知其他。她们献出的自是最宝贵的东西。

这种馈赠也常常被人接受,不过,接受者所负的责任并不像奉献者预想的那样深切。这实在异常可悲!

66. 弱者的强大

女人在夸大自身的弱点方面,无不显得乖巧伶俐,甚至是才思敏捷的,从而露出作为"花瓶"的脆弱本色。一粒灰尘也会给"花瓶"造成伤害。她们的存在就是促使男人时刻把粗暴铭记于心,但又乞求男人要讲良心。这就是她们抗御强者及其"特权"的方式,自卫的方式。

67. 自我欺骗

她爱他,从此对他深信不疑,像一头母牛默然呆视,满腹心事。痛苦啊!

她完全变了,变得不可理喻,这恰恰使他心醉神迷!他的个性却很稳定!她难道不会对自己的个性进行伪装吗？佯装冷酷无情吗？爱情难道不是这样忠告她吗？喜剧万岁！

68. 意志和顺从

有人领着一个青年来到智者面前，说："瞧，这小伙子被女人毁了！"智者摇头微笑，囔道："是男人把女人毁了。凡女人所缺少的东西都应在男人身上得到补偿和改进，因为是男人为自己设计出女人的形象，女人再按这形象来塑造自我。"

"你对女人太心慈手软，"一个围观者说，"你不了解她们！"

智者答道："男人的本性是意志，女人的本性是顺从，这就是两性的法则，真的！对女人残酷的法则！任何人对其存在来说都是无辜的，女人的无辜又次一等,可谁给她们抚慰和宽容呢?"

"什么抚慰?什么宽容?"人群中另一位喊着,"必须把女人调教得好一点!"

"必须把男人调教得好一点!"智者说,一面示意那青年跟他走,可是那青年不为所动。

69. 复仇的能力

假如一个人无力自卫,于是也就不想自卫,我们认为这不算什么耻辱;但是我们蔑视既无能力又无意志进行复仇的人,不管是男人还是女人。

我们要是不相信一个女人会在某种情势下熟练地操起匕首对付我们,试问,这女人能紧紧抓牢(或者说"吸引")我们吗?女人在某种情势下操刀对付自己,这是更为严厉的复仇。

70. 男人的女主宰

人们有时在剧院听到深沉有力的女低音，它给我们拉开帷幕，展示出平时我们不相信的那种可能，于是，我们立刻就信了：世界上某些地方存在着具有崇高的、英雄和帝王式的心灵的女人，她们有能力作并准备作义正词严的反驳、宏伟的抉择和壮丽的自我牺牲；有能力统治并准备统治男人，因为在她们心中，男人最好的东西已超越性别界限而变成她们本身的愿望了。

按照戏剧艺术的意图，这类女低音绝不是要给我们造成这样的概念；似乎这些女人一般只能饰演理想的情郎，如罗密欧之类的角色。但是，依我的经验判断，戏剧界以及热心期待女低音产生以上效果的音乐家是完全失算的。人们不相信这样的情郎，这声音总是充满母道和家庭主妇的腔调，尤其是当它传达爱意之时。

71. 论女人的贞洁

在大家闺秀所受的教育中,着实有许多令人惊讶和奇怪的事,也许再也找不出类似这样矛盾的事了。

所有的人都同意,对她们在性爱方面的教育,目的是尽量使其懵懂无知和感到羞耻。只要一提性爱,就叫她们不耐烦而关闭心扉。归根结底,女人的一切"名誉"全系于此,绝对不能把她们教坏了!

她们应该对性爱一无所知,对这个"恶"应该既无眼睛、耳朵,又无言辞、思想。懂得就是邪恶!

可是,一旦她们结婚,就被抛进现实中,茅塞顿开,像遇到恐怖的霹雳。她们有了挚爱和敬重的配偶,也就有了爱欲和羞涩的矛盾。是啊,狂喜、奉献、义务、同情以及突然感到上帝和野兽比邻而居的恐惧,凡此种种,她们不得不悉数加以体验和感受！事实上，她们给自己增添了一个心灵上的难点！聪明而好奇的人情洞达者也很难猜出，女人们究竟是如何应付这谜一样的答案和答案之谜的，方寸大乱时，究竟会引起何等的恐怖和怀疑，女人最终的哲理和疑虑究竟如何在性爱这个难点上抛锚停泊的！她们婚后依然静默如故，对己默然，闭上双眼。

年轻的女人竭力显出浅薄、没有思想的样子，乖巧者则佯装放达与厚颜；她们极易视丈夫为婚姻的问号，视孩子为辩解或赎罪；她们需要孩子，不过与丈夫的需要大相径庭。

总之，人们对待女人总不够宽厚！

72. 母 性

兽类对雌性的看法有异于人类，视雌性为专司生产的实体。兽类不存在父爱，但存在对幼仔之爱并习以为常。在幼仔身上，母兽可满足其统治欲，幼仔是财产，是劳作，是理所当然的东西，人们总是喋喋不休地谈论这理所当然：这一切就构成母爱，母爱可以用艺术家对其作品的爱来比拟。

怀孕使雌性变得更温柔、更满怀期待、更恐惧、更顺从，同样，思想的受孕也会产生静观默察的特性，这特性与母性相类——不过，是充满阳刚之气的母性。动物以雄性为美。

73. 神圣的残酷

一个男人抱着刚出生的婴儿去见圣者，并且问道："对这孩子我该怎么办呢？他痛苦、畸形、半死不活。"

圣者厉声："弄死他，弄死他，然后你抱他在手里，要抱三天三夜，这样你就会铭记：以后不要在你不该要孩子的时候要孩子。"

男人听了这话快然离去。可是有许多人却对圣者予以指责,说他教人杀婴,无异于教人残酷。圣者说:"让婴孩活着,岂不更残酷吗?"

74. 失败者

她们当着心爱的男人的面,总不能镇定自若,且绕嘴多舌。所以,这类可怜的女人没有一个不失败的。

诱惑男人最稳健的办法是柔情,隐秘而冷静的柔情。

75. 第三性

"矮个子男人尽管有些怪模怪样,但毕竟还

是男人；可是矮小的女人同高个子女人一比，就觉得她好像是另一性别了。"一位年迈的舞师说。

矮个子女人永远不会漂亮——年迈的亚里士多德如是说。

76. 最大的危险

若不是大多数人对自己的头脑亦即对自己的理性进行训育，并把这训育视为自尊心、责任和美德（这些东西备受思考时的幻想和荒谬的羞辱），视为"人的健康理性"之友，则人类早就毁灭了！在人类的上空，过去高悬现在也仍然一直高悬着一种最大的危险，这就是突然闪现错误意识，也就是出现感觉与视听的随意性，反而对头脑的无训育、对人的非理性扬扬得意。与错误意识相对立的并不是真理和确定性，而应是对信念的普遍责任，亦即评估和判断的非随意性。

迄今人类完成的最大一项工作，就是使许多事情相互协调并制定了协调的规则，也不管这些事情是对还是错。这就是头脑的训育，它使人类得以保存。然而，相反的本能欲望一直十分强烈，以至于人们在议论人类的未来时总是缺乏信心。事物总是在发展变动，从现在起也许比任何时候都要变动得更加剧繁；可恰恰是那些特殊的能人一直在抗拒对未来之信念的责任，尤以真理的探索者们一马当先！对未来世界的普遍信仰总是给"高人雅士"增添烦恼和渴望。这信仰要求思想的发展进程需模仿乌龟爬行的慢速度，这已被人们当成一种规则予以接受了；然而，这种慢速度却使艺术家和诗人沦为逃兵。这些缺乏耐心的精英人士极易突发错误意识，因为它具有欢快的速度！

我要使用毫无暧昧的字眼说，我们现在需要符合美德的愚笨，需要舒缓的、不可动摇的思想节拍，以便使那些坚信伟大信仰的人们继续舞蹈，此乃当今第一要务。我们余者都是特殊的人、危险的人，我们需要永远自卫！现在该为"特殊"美言几句了，倘若特殊不变为常规的话。

77. 心安理得的动物

我并非不知南欧人所喜爱的一切东西的鄙俗性——不管是意大利的歌剧（诸如罗西尼和贝利尼的），还是西班牙的冒险小说（吉尔·布拉斯的法文版小说于我们最为熟悉），然而，它们还不至于使我伤心。这鄙俗就像人们作横贯庞贝市的漫步时或在阅读古书时所遇到的鄙俗一样。

鄙俗性从何而来呢？是缺乏羞耻心吗？是鄙俗之物十分自信才堂而皇之登场吗？正如同

样鄙俗的音乐和小说中某些高雅、妩媚、激情的东西一样吗?"动物和人一样,也有它的权利,它可以自由地四处奔窜;而你,我亲爱的同代人,不管怎样也是这动物啊!"在我看来,这话就是鄙俗性的注脚,亦是南欧人的个性特点。

同精良的审美情趣一样,粗鄙的审美情趣也有其权利,当它成为一种大的需求、一种自信的满足、一种通俗的语言、一种叫人一看就懂的面具和姿态时,它甚至比精良的审美情趣还有优先权哩;而经过遴选的精良的审美情趣总是包含探索性的、尝试性的东西。对它并无确定性的理解,但它永远不是、现在和过去从来都不是通俗化的!通俗化始终是面具!

这样的面具在音乐的华彩乐段、歌剧的旋律跳荡和欢快中奔突!完全是古代的生活!倘若人们不理解别人为何对面具感兴趣,不理解别人对面具的良苦用心,那还能对面具作什么别的理解呢?这里是古代思想的浴场和栖息所,也许,这浴场需要古时的高人雅士更甚于需要下层的鄙俗百姓。

欧洲北部的作品,比如德国音乐所表现的鄙俗趋势令我痛苦难言、羞愧莫名。艺术家自我贬抑而毫不脸红。我们也因为他而羞愧呀!我们感到受了伤害!因为我们知道,他会因为我们的缘故而降低自己!

78. 我们感谢什么

只有艺术家,尤其是戏剧艺术家才给人们安上眼睛和耳朵,让他们高高兴兴地看和听:每个人自己是什么,经历了什么,自己想干什么;他们教会我们如何评价英雄,本来,我们芸芸众生里并无人知晓这英雄。他们教会我们一种艺术:怎样把自己当成英雄,从远处简略而清晰地观察自己,此乃将自己"置于场景中"的艺术。于是乎,我们得以摆脱了身边鄙琐之事!

倘若没有这种艺术,那我们作为"前景"就一文不值了,而只能生活在透镜的魔力中了。透镜可以把最近、最鄙俗之物变得硕大无比,变成真实之物。

也许,宗教也有类似的功效。它用放大镜看每个人的罪过,并用罪过制造一个个伟大而不朽的罪人,其手段就是描述每个人永恒的、未来的前景,教导人们从远处看自己,并把自己当做已经过往的整体来看待。

79. 蹩脚的魅力

我在此见到一位诗人,他同某些人一样,因自身的不完美反倒变得更有魅力,比他用手写诗更有魅力。是的,他的优势和声誉与其说得益于充沛之力,还不如说得益于他的无能。

他的作品从不把他想说的、他所见过的东西和盘托出，似乎，他对想象情有独钟，可又不是想象本身，而是心灵对想象的极度渴望。他竟然由渴望而获得了意欲获得的非凡辩才，进而利用辩才把他的听众提升，使其超越了他的作品，还给听众安上羽翼，让他们飞得比任何时候都要高远。

这么一来，倾听他的人也成了诗人和观察家，遂情不自禁地赞美起使其获得幸福的"恩人"来了，好像是这人引导他们看见了自身的至圣和至要，好像他们真的达到了目的，看见并传达了恩人的想象。其实，他们并未达到目的，但反倒使恩人的声誉大蒙其益。

80. 艺术与自然

希腊人，至少是雅典人很喜欢听人高谈阔

论,他们的确有此癖好,这是他们与非希腊人的一大区别。他们甚至要求舞台上要有高谈阔论的激情,要狂喜地、矫揉造作地朗诵台词。可是,人性中的激情却是寡言少语的,是静默和窘态的!激情即使找到了言辞,也是混乱的,非理性的,自我羞惭的!

因希腊人之故,我们现在全都习惯了舞台上的矫揉造作,正像我们因意大利人之故习惯了另一种不自然,即忍受并且喜欢忍受歌唱的激情。倾听处境极度困难的人高谈阔论,已成了我们的一种需要,而这需要在现实中是得不到满足的。悲剧英雄在生命濒临深渊之时——现实中的人在此刻大多失去了勇气和美好言辞——犹能滔滔不绝地慷慨雄辩,给人造成思想开朗的印象,这实在令我们如痴如狂,这"脱离自然的偏差"也许是为人的尊严而制备的惬意的午餐吧。所以,人需要艺术,以表达一种高尚的、英雄式的做作和习俗。

一个剧作家要是不把一切变成理性和言语，而手里总是保留小段沉默，那么，人们就会理直气壮地责备他；但是，假如一位歌剧音乐家不知道为最佳的艺术效果捕捉旋律，而只知道寻找效果颇佳的、"符合自然"的呐喊和结巴，人们对他也会不满的，这也同样违反了自然！这里涉及的问题是，鄙俗的、"想当然的"激情应该让位于一种更高的激情！

希腊人在这条路上走得实在太远、太远了，远得叫人惊异！他们把戏台建得尽可能地狭窄，禁用深层背景制造效果；不让演员有面部表情和细微动作，把演员变成庄重、生硬、面具一样的妖怪，同样，他们也抽掉了激情的深层内容，而只给激情制定高谈阔论的规则，是呀，他们不遗余力这样做，目的就是不让出现恐惧和同情的剧场效果，他们就是不要恐惧和同情啊——这是对亚里士多德的尊崇，无以复加的尊崇！可是，亚氏在谈及希腊悲剧的最终目的时,显然是言不及义的,更谈不上鞭辟入里了!

让我们来观察一下,希腊悲剧诗人的勤奋、想象力和竞争热情究竟是被什么东西激发起来的。肯定不是用艺术效果征服观众的意图。雅典人看戏,目的就是听演员的优美演说!索福克勒斯的一生就是为了写漂亮演说词的!——请原谅我这怪异的论调——他们与严肃歌剧真不可同日而语。歌剧大师力图不让观众理解他们塑造的人物。他们都这样认为并都调侃式地说:尽管一个仓促拾起的字眼就可以使一位并不聚精会神的听众有所体悟,但从大体上说,剧情必须明白无误,但说白根本就不重要!当然,要完全表示对剧中台词的蔑视,他们也许还缺乏勇气。在罗西尼的歌剧中,稍许加进一点顽皮,他恨不得让演员一个劲儿唱La——La——La——La,这或许就是很聪明的做法了!人们相信歌剧中的人物,其依据是他们的音调,而非"言辞"。这就是差别,这就是美好的"不自然",人们因它才进剧院的。即使歌剧中的吟诵部,也并不是真的要人听懂其中的原文字句,这种"半音乐"是为了让富有乐感的耳朵稍事休息一下(从旋律中休息,这旋律乃是最高雅也是最费神的艺术享受);吟诵不了多久,观众就会不耐烦,就会抵制。他们重新渴望完美的音乐旋律。

用这个观点来衡量,里夏特·瓦格纳的艺术又当如何呢?它或许有些异样?我常想,在他的作品上演前,人们必定已经背熟他作品中的台词和音乐了,否则人们就听不懂。我以为是这样。

81. 希腊人的情趣

一位土地丈量员在观看《伊菲格尼》的演出后说:"它好在哪里?里面没有一样东西是经

过证明的!"

希腊人难道远离这种情趣了吗?至少在索福克勒斯的作品里,"一切皆经过证明"。

82. 非希腊式的风趣

希腊人不论思考什么都非常符合逻辑,且朴实无华。他们乐此不疲,至少在他们悠长的兴盛时期是这样。法国人则喜欢略为走向反面,作些非逻辑思考,逻辑思维只是用于表达他们在社交中的温文尔雅和自我掩饰,不过那也是经过许多非逻辑思考转化而成的。表面看来,逻辑对他们是必要的,如同面包和水。可是,如果仅仅只是面包和水,那它们就成了囚犯的食物了,法国人的逻辑就像这面包和水一样地贫乏。

在良好的社会环境里,人们绝对不可能期

望什么都完满无缺，什么都符合逻辑。因此，在法国人的风趣里总存在一点点非理性。希腊人的社交意识淡薄，所以，思想最丰富的希腊汉子也少有风趣，爱开玩笑的人也少有戏谑。所以，噢，不谈啦！人们不会相信我的话，我还有好多话憋在心里呢！"此乃雅量的缄默"，一如马尔蒂阿的快人快语。

83. 翻译和改编

一个时代如何对待翻译，如何把过去的时代、书籍拿来为己所用，人们据此判断一个时代具有多少历史意识。

柯奈耶时代以及法国大革命时期的法国人对古罗马时代大加吸收（对这种吸收方式，我们已再无勇气，因为我们有更高的历史意识），而古罗马时代也是强劲而纯真地将手伸向古希腊的文化遗产，吸纳和利用一切优秀和宝贵的东西，改编进入罗马帝国。罗马人有意识地、漠然地拭去"现时"这只蝴蝶翅膀上的灰尘。

于是，贺拉斯时常翻译阿尔克乌斯、阿尔希罗修斯的作品；普罗帕兹翻译卡里马修斯、菲勒塔斯的作品（倘若让我们评价，卡氏和菲氏这两位是堪与德谟克利特并驾齐驱的诗人）。诗歌原作者的经历，以及以这些经历入诗，这些与贺拉斯们何干呢！贺拉斯和普罗帕兹作为古罗马诗人对于跑在历史意识前面的考古嗅觉颇为厌恶，让那些私事、名号以及某个城市、某条海岸线、一个世纪所拥有的一切（作为外表的服饰和面具）全不作数，代之以当今和罗马人的东西。他们似乎在问我们："我们难道不能推陈出新，并且适应它吗？难道不能把自己的灵魂吹进这僵死的形体内吗？它死了，而死的东西多么丑陋呀！"

他们不知道享受历史意识，过往的东西、

外国的东西使他们尴尬。作为罗马人,激发他们的是占领一切,事实上,他们翻译别国的作品就是"占领",不但去掉历史的东西,还加进对当今的暗示和影射,删去原诗者的姓名,代之以自己的姓名,而无剽窃之嫌。他们心怀罗马帝国那冠绝古今的"良知"。

84. 论诗的起源

凡是喜爱对人作种种猜想并且拥护本能道德理论的人会作如下的推理:

"假如人们一直把功利当成最高的神圣事业加以推崇,那么,诗歌从何产生呢?——这诗化的语言所表达的意义有些暧昧,好像是在对世间过去和现在一以贯之的功利进行嘲讽!有粗犷之美的非理性诗歌在反驳你们这些功利主义者!诗歌恰恰要摆脱功利,正是这个提升了人,激励人恪守道德,从事艺术!"

我要在此为功利主义者美言几句,他们鲜有获得人们怜恤的权利!在产生诗歌的古代,人们就看中了诗歌的功用,那异乎寻常的大功用:那时,当人们让韵律进入言语,强行对句子成分作重新安排,赋予思想以新的色彩,并使其变得晦涩、怪异、疏离,这自然就形成了一种迷信的功利!人们发现,记住一首诗比记住即席的演说词容易,于是便借助韵律把人的热切心愿深深地烙铸在上帝的心上;同时,人们觉得通过韵律节奏可以让更远的人听见自己的声音;有节奏的祈祷似乎能使上帝听得更为真切。人们首先企望获得的功用就是听音乐时所体验的那种被音乐彻底征服的功用。韵律是一种强制,它迫使人产生不可遏制的乐趣,一种谐和的乐趣;非但脚步而且心灵也紧随节奏;人们也一定推想,上帝的心灵也是紧随节奏的!所以,他们试图用韵律去征服上帝的心灵,对其施加强力,献上一首诗就是给上帝抛出一个魔力圈套。

关于诗的起源,还有一种奇妙的想象,也许是最有力的想象吧。在费塔郭里学派看来,这想象便是哲理和教育的手段。远在产生哲学家之前,人们就承认音乐净化灵魂、化戾气为祥和的作用,对音乐旋律推崇备至。当一个人失去心灵和谐,就得随歌手的节拍起舞,此即为音乐疗法。用此疗法,特潘德平息一场叛乱,恩培多克勒斯使狂躁者安宁,达蒙使患相思病的少女心灵净化。人们甚至以为,疯狂渴望复仇的诸神也可以接受治疗哩。人们首先把此疗法推向极致,就是让暴躁者发疯,把渴望复仇者弄成醉汉——所有狂放的宗教祭礼都要突然释放一种神圣的疯狂,然后,这疯狂重新转为自由自在,使人复归安宁。旋律究其根本就是一种镇静剂,这是旋律的效果使然。在远古时代,无论是宗教祭礼歌曲还是世俗歌曲,其先决条件是必须具备那魔幻般感染力的旋律。比如，在汲水和划船的时候，歌曲就使人性中此刻活动着的恶魔成分陶醉，使其顺从、甘受约束而变成人的工具。人只要一活动，就产生歌唱的动因，而每次活动又都与圣灵的帮助有关，所以，妖术歌曲和咒语似乎就是诗歌的原始形态了。当诗歌也被用在神谕宣示所的时候——希腊人说，六音步诗产生于特尔菲[①]——韵律也就具备强制性的感化力了。用韵律宣告神谕就意味着用韵律决定某种事情。人们相信，只要争取到阿波罗神，就可以征服未来。按照古人的理念，阿波罗神远胜有预见的神明。这一宗教信条字字句句均以韵律宣布，于是它就缚住了未来。这信条是阿波罗发明的，所以作为韵律之神的阿波罗也就能缚住命运女神了。

从总体上观察和研究，究竟还有什么东西

---

① 特尔菲，古希腊城名，阿波罗神殿所在地。

比韵律对古代迷信的人们更有用呢？没有了。有了韵律，人简直就无所不能：借助魔力推动工作；迫使神在身边出现、滞留，并听从他的话；按己意安排未来；卸除心灵上过重的负荷（恐惧、狂躁、同情和复仇等），不仅是自己，而且还包括人性中穷凶极恶的恶魔成分。没有诗，人什么也不是；有了诗，人几乎就成了上帝。这一基本情感是再也不可灭绝了。

在与这类迷信斗争数千年后，我们队伍中一些聪明绝顶的智者有时仍不免沦为韵律的傻瓜，尽管他们感觉到某种思想比它的韵律形式更真实。一直也有那么一些严肃的哲学家，平时言之凿凿地援引诗人的箴言，以加强自己思想的力量和可信度，这难道不是十分可笑的事吗？对真理而言，诗人赞同它比否定它更危险！因为正如荷马所说："吟唱的诗人，弥天的谎言。"

85. 善与美

艺术家们总是在不断地美化那些口碑甚佳的事物和状态,此外便无所作为。人们因为这些事物和状态而自觉良好、伟大、陶醉、快乐、舒适和聪慧。对于人的幸福来说,这些经过挑选的事物和状态确有其价值,这是早有定论的。它们是艺术家美化的对象。艺术家一直在窥探并发现它们,然后将其纳入艺术领域。

我说,艺术家本身并非是幸福和幸福事物的评价者,不过,他们总是挤到那些评价者身边,以极大的好奇和兴趣,企盼自己的评价立即产生功利。他们急不可待,更兼具传令者的肺、跑腿者的脚,故而总是占得先机,成了美化善的人,始,对其称善,继而,作善之评价,并以此身份抛头露面。

不过,正如上述,这实在是一个误会,他们只不过比真正的评价者跑得快一点,闹得响一点而已。那么,真正的评价者是谁呢?——阔佬和有闲者。

86. 戏 剧

这个日子又使我的情感强烈、高昂,如果我在这天的晚上可以欣赏音乐和艺术的话,那我完全清楚,我不要什么样的音乐和艺术,就是说,我不要那种使听众醉生梦死、使他们的情绪达到高潮的音乐和艺术。

向晚时分,那些平庸之辈不像是站在凯旋车上的胜利者,倒像备受鞭笞的疲乏的骡子。倘若世间没有这使人陶醉的戏剧工具和称意的鞭笞,那么,这些人还知道什么"高昂情绪"呢!于是,他们拥有欣喜若狂的观众,正如他们拥有美酒一样。可是,对我来说,他们的饮料和醉意又算什么呢,我这个"欣喜若狂"的人又需要什么样的酒呢!我以厌恶的目光瞧着那工具,瞧着那些牵强附会地制造戏剧效果的"戏剧工具"——心灵高潮的拙劣模仿!

什么?鼹鼠入洞睡觉之前,有人要给它安上翅膀,赠送自尊的傲慢?有人要送它上戏院看戏,把大望远镜套在它那又盲又累的眼睛前面?看啊,那些人坐在舞台前,他们的生活不是"行动",而是交易;他们注视台上的怪人,怪人的生活不仅仅是交易?你们说:"这是正当的消遣,生活需要这样的教育!"就算是这样吧,那我就太缺乏教育了。舞台上的情景实在令我厌恶至极!自身充满悲剧和喜剧的人最好远离戏院,除非整个过程,包括戏剧、观众和剧作家全变成他自己的悲剧和喜剧,果真是这样的话,那么,上演剧目的意义对他也就微不足道了。

有点像浮士德和曼弗雷德的人与戏中的浮士德和曼弗雷德有什么相干呢?然而,他们肯定想到别人会把这类人物搬上舞台的。在没有能力进行思考和获得激情的人面前,展现最强烈的思想和激情就是自我陶醉!

戏剧和音乐是欧洲吸食的大麻和咀嚼的槟榔!噢,谁能给我们讲述麻醉剂的整个历史呢!那历史几乎就是"教育史",更高等的"教育史"。

87. 艺术家的自负

我以为,艺术家们往往不知道自己最擅长什么,因为他们过于虚荣,把心思全用在倨傲上。本来,这棵倨傲的幼芽在土壤里是可以长得十分完美、新奇而漂亮的,可惜他们高估了自己花园里和葡萄园里的珍奇,宝爱之物与对宝爱之物的审视不处于同一等级。

这儿有位音乐家,他比任何音乐家都擅长

从受压抑、受痛苦、受折磨的心灵王国里发掘音调,甚至能赋予沉默的动物以言语;在表现暮秋的斑斓色彩、表现无比感人的最重要和最短暂的人生享乐等方面无人与他匹敌;他知道灵魂在隐秘而阴森的午夜会发出何种音响,他知道在午夜一切因果均无关联,随时都会有某种东西从"虚无"中涌出;他至为幸运,能够从命运的深层底蕴、从命运的酒杯——最酸涩、最恶心的酒与最甜蜜的酒混合于其中——中汲取源泉;他熟悉心灵那疲惫的踉跄、拖曳,再也不能跳跃、翱翔,甚至连步行也难以为继;他对深藏的痛苦、没有抚慰的理解、没有告白的离别投去畏缩的一瞥;是的,作为一切隐秘痛苦的奥菲斯[①],他比任何音乐家都要伟大。事实上,他已把某些不可言说的、看似对艺术没有价值的、用言语只会吓跑而不能捕捉的东西,

---

① 奥菲斯,相传为古希腊神话中的作曲家,其歌曲之妙足以感动禽兽木石。

亦即心灵中某些细微莫辨的东西纳入艺术轨道了。是的,他就是擅长刻画细腻情感的大师呀。

可是,他并不安于当这样的大师!他的性格喜好大的墙壁和大胆的壁画!他没有察觉,他的思想居然会有另一种审美情趣:宁愿悄然蜷缩在坍塌的屋角,独自画他那独特的杰作(不过均为短命之作,常常仅有一个节拍),这样他才自感舒适、伟大和完美!也许,他会永远落寞地生活在那里,但他意识不到这一点!他过于自负、虚荣,因此不可能意识到。

88. 真诚追求真理

真诚追求真理!人们对此话的理解是多么不同啊!

思想家觉得,观点、论据和核验方式的同一恰恰是一种轻率行为,他不时被这种轻率行为击败，因而感到羞愧；但是，观点的相同使遇到这些观点并带着这些观点生活的艺术家产生如下的意识：现在，他受追求真理的至诚所支配了，他作为艺术家也表现出值得称道的、追求真理的至诚欲望了！

这样，一个人恰恰因为这至诚的激情才显出他的思想在认识王国里是何等的肤浅，何等的故步自封、自足自满。"泄露天机"的人们，这难道不是最重要的吗？这表明我们的重点在何处，哪些东西无关紧要。

89. 现在与从前

假若我们失去那些较高级的艺术——节日庆典艺术，那么我们的全部艺术还有什么呢？

从前，所有的艺术作品都竖立在人类节庆的长街上，作为纪念崇高而欢乐时刻的丰碑；

如今,人们企图用艺术作品把可怜的精疲力竭者及病弱者从人类的痛苦的长街上引开,哪怕引开人们渴望的片刻也好,给这些人提供些许的陶醉和疯狂。

90. 光明与黑暗

思想家的著作和文章自然千差万别:一部分人把光明集中在书里,这光明是他们从自己明晰的认识中偷来的;另一些人只把黑暗写在书里,那是破晓前在他心灵中形成的灰与黑的复制品。

91. 当 心

众所周知,阿尔菲利谎话连篇,他对同代

人讲述自己的生平事迹足令听者愕然,他之所以说谎乃是因为对己采取专制主义。比如他证实说,他为自己创造了独特的语言,强迫自己当了诗人云云。他终于找到这一严格的高雅形式来描述自己的生活与回忆,还说什么他饱尝过痛苦。

我对柏拉图自己写的生平事迹也是不大相信的,就如同不怎么相信卢梭和但丁的生平事迹一样。

92. 散文与诗

人们注意到,从前的散文大师都是诗人。不管公开承认也罢,还是私下或在"小室"里承认也罢,事实确实是这样。真的,只有用诗的形式才能写出优美的散文!

散文是一场与诗歌角逐的战争,连绵不断

的文学战争。散文的魅力就在于避开诗,对抗诗。诗的抽象被它当做反对诗和嘲笑诗的狡猾手段,又说什么枯燥和冷峻把妩媚的诗歌女神带入妩媚的绝望。散文和诗也常常有片刻的接近与和解,但顷刻间又出现倒退并爆发出相互的嘲笑。散文常常把帷幕拉开,让刺眼的光线照进来,而诗歌女神却正在享受她的朦胧和晦暗色彩;散文常常先开口说出诗歌女神欲说的话,唱完一种曲调,可是诗歌女神对这曲调听不懂,一直把玉手套在耳畔。在这场持久战中,出现无数战斗的快乐,也出现失败,而所谓的散文家对失败却不加理会,依旧写着和说着那朴实无华的散文!

战争是一切美好事物之父,也是优美的散文之父!本世纪有四位具有诗人气质的奇才,其散文达到炉火纯青的境界。本来,这个世界是不适合于散文存在的,只因缺少诗,才有散文的地盘。歌德不算在这四位散文大家之列,我们这个世纪廉价地利用了他,才使其显身扬名。我认为这四位是里奥帕蒂、梅里美、爱默生和兰道。兰道是《想象的对话》一书的作者,此人堪称散文大师。

93. 你为何要写呢

A:我不属于那些一面挥笔疾书一面思考的人;更不属于面对墨水瓶,坐在椅子上,呆视着稿纸,任凭激情左右的人。我总对写作感到烦恼和羞愧,但写作于我又是必不可少的事务。我甚至讨厌用一种比喻来说明。

B:你为何要写呢?

A:噢,亲爱的,说句知心话,我至今还没有找到其他办法来摆脱我的思想。

B:为什么要摆脱呢?

A:为什么?我想摆脱吗?我必须摆脱!

B：够了！我懂了！

94. 死后的哀荣

冯滕奈尔（Fontenelle）在其不朽著作《死者对话录》中论及道德问题时使用了大胆的说法，当时被视为诙谐的诡论和游戏，即便是审美鉴赏和思想界的最高权威也看不出书中还有什么更多的深意，是呀，冯滕奈尔本人也未必能看出。

可是现在，不可思议的事发生了：冯滕奈尔的思想成了真理！科学证实了它们！游戏成真了！我们阅读对话时的感觉与伏尔泰、赫尔威提斯当时的感觉是不同的，不知不觉把对话的作者提升到一个高于伏尔泰们认定的奇才层次。这，究竟是对还是错呢？

95. 香福德

一个像香福德[①]这样既熟悉民众又援救民众，并且对哲学领域该放弃什么抵制什么从不袖手旁观的人，我对他的解释是：在他内心，一种本能远远强于他的理智，这本能即是对世袭贵族的仇恨，这本能从未得到满足。

也许是他母亲对贵族的旧恨在他心底扎下神圣的根子，他爱母亲，故而这本能自幼年始便一直在等待为母报仇的机会；可是，他的天才、生活，噢，更主要是他血管里流着父亲的血，这一切又诱使他加入贵族的行列，同他们平起平坐，许多年一直若是。终于，他再也无法容忍自己处于旧政权下的那副"老人"嘴脸了，遂陷于忏悔的激情中，并穿上平民的衣裳，一派粗布烂衫的落魄模样！倘若香福德当时是

[①] 香福德（1740—1794），法国剧作家和小说家。

更高层次的哲学家,那么革命就会避免那悲剧的玩笑和尖锐的芒刺了,革命就会被视为愚蠢之举了,而不致造成对精英人物的蛊惑。

然而,香福德的憎恶和复仇教育了整整一代人,至尊的人士也不免受其熏陶。请想想吧,米勒保对香福德的景仰如同景仰年高德劭的自己,他从香氏那里期望获得并且已经获得前进的动力、警戒和抉择。米勒保是属于另一层次的伟人,把他置于过去和当今的政坛巨子的队列中,他亦是翘楚。香氏尽管有这样的朋友和拥护者(米勒保致香氏的书简便是佐证),奇怪的是,法国人对他这个在所有论理学家中最为幽默的人却感到陌生,反而觉得司汤达是本世纪最具洞察力和敏感性的法国人。

这是否是因为司汤达的性情中有许多德国人和英国人的东西,故而能为巴黎人所容呢?而香福德,一位心灵底蕴异常宏富、阴郁、痛苦、炽热之人,一位觉得笑是医治生活之必备良药的思想家(他若一天不笑,便惘然若失),与其说他是法国人,还不如说他更像意大利人,更像但丁、里奥帕蒂的血缘亲戚!

人们知道香福德的那句临终遗言,他对西耶斯说:"噢,我的朋友,你要做我的好兄弟,不然,我就杀死你!"这又绝非一个临终的法国人所能说出的话了。

96. 两位演说家

有两位演说家,其中一位被激情所左右,就是说,激情将足够的血液和炽热灌注于脑,迫使高度智力表露出来,这样,他的论证完全符合理性。

另一位有时也试用同一方法,也借助激情,用饱满、激越、具有魅力的声音侃侃而谈,但效果却往往不佳。于是,他立即一改常态,把话说得模糊、混乱、夸张、省略,这样就引起听众对论证的理性产生了怀疑。是呀,连他自己也觉得有些怀疑了。于是,他又陡然转入一种冷漠而厌恶的声调,这又导致听众疑窦丛生,怀疑他的全部激情不是真的。在他,每次都是激情的潮水淹没理智,兴许是他的激情比第一位演说家的更为炽烈吧。

第一位演说家达到力量极巅之时亦是他抗拒并嘲笑那向他逼近的情感风暴之时,然后,他的思想才从隐蔽处钻出来——那符合逻辑的、嘲讽的、举重若轻的,然而也是令人惊惧的思想。

97. 作家的废话

世间存在愤怒的废话,常见于路德和叔本华。因为概念和公式太多而产生另一种废话,康德便属这种情形。因为喜欢用不同的说法来表达同一事物又产生第三种废话,蒙田便是佐证。第四种废话来自不良的本性。

凡是阅读当代文章的人都会想起两类作家:一类喜欢说好话,由优美的语言而生废话,这在歌德的散文中并非少见;另一类因为对内心情感的喧嚣和混乱感到称心快意,故而废话连篇,例如卡莱尔。

98. 心仪莎士比亚

我最心仪莎翁的是,他相信布鲁特斯,并且对布氏所表现的那种美德① 没有丝毫的怀疑。莎翁将他那部最佳的悲剧——至今,这悲剧的剧名仍被搞错——献给了布氏,也就献给了崇高道德的典范,即心灵的自主!

---

① 指布氏为保全罗马的共和而刺杀恺撒一事。

一个人热爱自由，并把它视为伟大心灵之必需，一旦它受到挚友的威胁，他就不得不牺牲挚友，哪怕挚友是完人、无与伦比的奇才、光耀世界者。世间再也没有比这更惨痛的牺牲了！对此，莎翁定然大有所感！他给予恺撒的崇高地位亦即是他所能给予布鲁特斯的崇高荣誉，只有这样，他才把布氏的内心问题以及那能击碎这个内心"情结"的心灵力量提升到惊人的高度。

难道真是政治自由促使莎翁同情布氏并使自己沦为他的从犯吗？或者，政治自由仅仅是某些不可言说之物的象征吗？也许，我们是面对隐藏在莎翁心灵中的某个不为人知的而他也只能用象征手法谈及的事件和奇遇吗？与布氏的忧郁相比，哈姆雷特的忧郁又算什么呢？大概莎翁也熟悉布氏的忧郁，就像他由于自己的体验而熟悉哈姆雷特的忧郁一样！或者，他也曾经历过幽暗伤心的时刻，有过类似布鲁特斯那样的凶恶天使！尽管他们有这样的相似性和隐秘关系，但莎翁对布氏的形象和美德钦佩得五体投地，简直有点自惭形秽了！

关于这点，在悲剧中有所证实。莎翁两次让一位诗人出场，而且倾泻了对他极不耐烦和无以复加的轻蔑——听起来像自我轻蔑的呐喊。诗人出场时表现出一副诗人惯有的派头，自以为是、伤感、咄咄逼人、了不起、德行的伟大，可在实际生活中却鲜有普通人的诚实。每逢这些场合，布鲁特斯便不可忍受。

"如果谈他识时务，那么我就识他的脾气，带小铃铛的傻瓜，滚开吧！"布鲁特斯吼道，我们不妨把这话反过来演绎为莎翁的本心。

99. 叔本华的信徒

当文明人和野蛮人接触时，人们会有所发现：较低等文明通常会首先接受较高等文明的陋习、弱点和任情恣性的东西,而且感受到一种吸引自己的魅力,最终让较高级文明的某种有价值的力量借助于被接受的恶习与弱点将自己吞没。我们不必远赴野蛮民族处,就近便被他们接受的倒是:叔本华这位求实的思想家决意揭开世界之谜的意志——这一虚荣的内心要求使他屡受迷惑,使他败兴;他在这些地方显现出来的神秘的尴尬和遁词;他那无法证实的"唯意志论"("一切原因均系此时此地某个意志的偶然显现","生命意志是每种生物固有的,不可分割的,哪怕是微不足道的生物,它集中在过去、现在和将来存在的一切生物身上");他对个体的否定("所有的狮子从根本上说只是一个狮子""个体的多样性只是一种假象",进化也是一种假象);他把拉马克[①]的思想称为"天才的荒谬";他对天才的狂热崇拜("从美学

---

① 拉马克(1744—1829),法国生物学家。

观点看,个体不再是个体,而是纯粹的、无意志的、无痛苦的、不受时代限制的认知主体","主体完全融化在被观察的事物中,成了事物本身");他那"同情即荒谬"的观点,以及"死才是存在的真正目的","死者也可能产生不可思议的影响,这种可能性是不容否认的"等论点,总之,这位哲学家那诸如此类的任情恣性和恶习最先被他的门徒接受,且坚信不疑。恶习和任情恣性总是最易模仿,而不需要长时间的预先演练。

让我们来谈谈叔本华信徒中最著名的里夏德·瓦格纳吧。下述发生在有些艺术家身上的情形也体现在瓦格纳身上:他对自己创造的艺术形象进行错误的解释,连对自己最独特的艺术哲学也认识有误。直到他生命中期,他一直受黑格尔的误导,后来,当他拾取叔本华的学说时又犯了同样的毛病,并且开始用"意志""天才""同情"等字眼来表达自己。尽管如此，再也没有什么比瓦氏作品中的英雄人物所具有的瓦氏本色更与叔本华思想背道而驰了，这是千真万确的。我指的是清白无辜的自我本位，相信激情，亦即相信善，简言之，是瓦氏英雄人物面部所显示的西格弗利特[①]的特征。叔本华好像说过："这一切与其说是我的味道，还不如说是斯宾诺莎的味道。"那么，瓦格纳本来可以有同样充足的理由去寻求叔本华以外的哲学家，然而，由于他完全委身于叔本华的思想魅力，他不仅反对其他哲学家，而且还盲目地反对科学，他的整个艺术愈益成为叔本华哲学的附属品和补充，从而愈益明显地放弃了更为高尚的功名心，即成为人类知识和科学的附属品和补充。他之所以走到这步田地，不仅仅是因为被叔本华哲学那神秘的华丽所吸引，而且因为叔氏的种种举动和情感对他也起了误导作

---

① 西格弗利特，德国民间史诗《尼伯龙根之歌》中的英雄。

用。例如，瓦格纳对德国语言的不纯大动肝火，这脾气便是叔本华式的。如果还可以把这称为模仿的话，那么毋庸讳言的是，瓦格纳的风格患有溃疡和肿瘤，这病态使叔本华的信徒们怒不可遏，于是，瓦格纳狂开始显露狰狞，一如当年的黑格尔狂。

瓦格纳对犹太人的仇恨也是叔本华式的。犹太人虽有厥功至伟的业绩，瓦氏对此不能作出公正的评价，因为犹太人创立了基督教。他把基督教理解为被佛教吹散撒落的种子；在人们亲近基督教礼仪和情感时，他却企图为欧洲开创佛教纪元而做准备。他的这一企图也是承袭叔本华的。还有，他那一套怜悯动物的说教也源于叔本华，而叔本华在这方面的先辈显然是伏尔泰。伏尔泰把自己对某些人和事的仇恨伪装成对动物的怜悯，他的追随者们亦然。至少，瓦格纳在说教中所表露的对科学的仇恨绝非源于仁慈和善良，当然也不全是源于精神方面。说到底,倘若一位艺术家的哲学只是别人哲学的后续和追补,并且也不对他的艺术造成损害,那么,这哲学也就无足观了。

人们因为一位艺术家戴上临时的假面具或者不幸的、傲慢的假面具而对他产生怨恨,我们现在还不能防止产生这种怨恨。让我们牢记,可爱的艺术家都应该、都必须有点类似演员,他们若无戏剧性的表演,断难久持。让我们忠实于瓦格纳身上真实和原始的东西,我们瓦格纳的门徒也忠实于我们身上真实和原始的东西。让我们宽容他那理性的情绪和激昂,公正地思考一下,一种艺术,比如他的,究竟需要何种罕见的营养素和必需品方能生存和发展呢?他身为思想家而常有失当之处,这倒无关宏旨,公正和耐心不是他的事,只要他的生活对他保持无误就够了。这生活在对我们每个人呼喊:

"做个血性男儿!不要跟随我,而要跟随你自己,你自己!"

我们的生活也应对我们保持无误！我们应当自由、坦荡，从清白无辜的自我本位发展自己、强盛自己！当我在观察这类人的时候，耳畔一如既往地响起如下的话语："情欲比禁欲好，比伪善好；诚实，即便是恶意的诚实，也比因为恪守传统道德而失去自我好；自由的人可能为善，也可能为恶，然而，不自由的人则是对本性的玷辱，因此不能分享天上和人间的安慰。总之，谁要做自由人，必先完全成为他自己。自由不会像神赐之物落在人的怀里。"

100. 学会尊敬

人必须学会尊敬，就像必须学会轻蔑一样。凡是走上新的生活轨道并把许多人也带上新的生活轨道的人，无不惊异地发现，这些被带上新轨道的人在表达感激之情的时候是多么的笨拙和贫乏,更有甚者,连单单把这谢意表达出来的能力也不常有。每当他们说话,便似骨鲠在喉,嗯嗯啊啊一番就复归平静了。

思想家在感受他的思想所产生的影响时,在感受他的思想改变和震撼人心的威力时,这感受方式几乎是滑稽的,似乎受其影响的人内心会由此受到伤害,并且,正如他们所担心的那样,这些人会用各种不当的手段来表达其独立自主的精神受到的威胁。要形成一种有礼貌的感激习俗,需要整整一代人的努力,嗣后,思想和天才一类东西进入感激情愫中的那个时刻才会到来。届时,会出现一个接受感恩的伟人,他不仅因为自己做了好事而受感戴,更主要是因为他的先辈们日久天长累积下那个至高至善的"宝物"而受感戴。

101. 伏尔泰

哪里有宫廷,哪里便有说好话的准则和作家写作风格的准则。宫廷的语言就是廷臣的语言,廷臣没有专业,即使在谈论科学问题时也不使用方便的术语,因为这些术语是专业性的。所以,在充斥宫廷文化的国度,凡专业术语和一切显示专家身份的东西都是风格上的疵点。

当今,所有的宫廷无不沦为过去和现在的讽刺漫画,在这一点上,人们惊诧地发现了伏尔泰,这实在叫人有莫名的尴尬(例如,他在评论冯达诺和孟德斯鸠这类风格的作家时)。我们今天已从宫廷趣味中解放出来,而伏尔泰却是使宫廷趣味日臻完美的人。

102. 写给语文学者的话

世间有许多非常有价值的珍贵图书,要完好地保存它们,并让人们读懂它们,需要数代学者的努力。一再地加强这一信念,便是语文学的任务。语文学的前提是:世间并不缺乏知道如何使用珍贵图书的稀世人才(尽管人们不能立即看到他们),他们就是自己撰写这类珍贵图书或者有能力撰写的人。

我要说,语文学是以高尚的信仰为前提的,即为了有益于"将要到来"但还没有到来的人,必须预先做完大量尴尬的乃至不体面的工作,这工作就是扫除习惯上谶语式的暧昧。

103. 论德国音乐

时下,德国音乐比欧洲任何一国的音乐更为丰富,只有在德国音乐里,欧洲革命所带来的变化才得以表现;只有德国音乐家才善于表现激动的民众和响遏行云的人为喧嚣,这喧嚣在过去是从不指望别人听到的。反观意大利歌剧,它只熟悉那些被人侍候的人与士兵的合唱,但不熟悉"民众"。另外,在所有德国音乐里可以听出市民阶层对贵族的深深嫉妒,尤其嫉妒宫廷的、骑士的、自信的、古老的社交风度。

类似歌德笔下的歌手在门前或"室内"所从事的音乐根本不是音乐,它只能使国王听了满意;这里并不意味"骑士勇敢注视,美人投怀送抱"。希腊神话中专司欢乐与美丽的三女神若不突然受到良心的谴责也不会在德国音乐里露脸。只有当本国的专司欢乐和美丽的三女神显出妩媚姿态时,德国人的精神才备受鼓舞,并由此达到狂热的、深奥的、往往是生硬的"崇高"和贝多芬的崇高。

若要对热衷这类音乐的人作一番思考，那么就琢磨一下贝多芬吧，看看贝氏在特普利兹与歌德相遇是怎样的情形。那是半野蛮与文明的交会，平民与贵族的邂逅，风雅之士与"好人"的聚首，幻想者与艺术家的会晤，切盼抚慰的人与被抚慰者的会合，夸张者、被怀疑者与位卑者的互访。贝多芬乃狂怪之士、自虐者、顽愚的狂欢者、愉快的不幸者、忠实的放任者、自命不凡的迟钝者，总之，是个"桀骜不驯的人"。歌德对他也有这个感觉，也送给他这个名号。而对歌德这个特殊的德国人，至今尚无一种音乐可与之匹配！

末了，还请想一想，德国人现在对韵律的轻视正在蔓延，韵律意识的萎缩是否可以理解为一种民主的恶习，抑或革命的后遗症呢？因为韵律对法则有公然的兴趣，而对变动中的、未成形的、随心所欲的东西则表示厌恶,所以,它听起来犹如来自欧洲古老秩序的音响,这音响像要诱惑人们倒退到古老秩序中去似的。

104. 德语的声调

人们知道,几个世纪以来,普通书面德语源于何处。德国人由于对来自宫廷的东西尤为敬重,故而有意将宫廷文书视为楷模,对于宫廷的信函、证书、遗嘱之类无不一一仿效。按公文体写作,也就是按宫廷和政府的文体写作,这便是城里人使用德语的高雅之处。久而久之,人们作结论、讲话也学书面文体了,而且在说话方式、遣词造句、选用习语甚至在声调上都变得更为高雅了。说话用一种矫揉造作的宫廷腔,这腔调经久而成自然。

也许,在别的地方没有出现下列情形:书

面文体统御着整个民族的口语、矫情和高雅,并且成为统一语言的基石。我相信,德语的声调在中世纪,甚至在中世纪以后都是充满乡土气息的,是通俗的;只是在近几个世纪才变得高雅起来了,尤其是因为人们觉得有必要大量模仿法语、意大利语和西班牙语的声调。德国(以及奥地利)贵族对于母语根本就不满足。蒙田和拉辛[①]认为,尽管德语学习外族语的声调,但听起来仍然俗不可耐。直到现在,某些意大利游客所说的德语声调十分粗鄙,土气而嘶哑,仿佛这声音来自乌烟瘴气的房间和不重礼仪的地方。

现在,我注意到在赞赏宫廷文风的人士中,有一种追求声调高雅的热情在蔓延,德国人开始顺应奇怪的"声调魅力",若长此以往,可能会对德国语言构成真正的危害!在欧洲,再也

---

① 拉辛(1639—1699),法国悲剧作家。

找不到比这更令人厌恶的声调了。现在德国人觉得语音中要带嘲讽、冷漠和粗俗,这样听起来才显"高雅",我从年轻的官员、教师、女士和商人的话音里已经听出追求"高雅"的美意,连小丫头也在模仿军官所操的德语了,因为普鲁士军官是这种声调的始作俑者。作为职业军人,他们无不具备令人钦羡的简朴的语言节奏,德国人竟然群起效尤(包括教授和音乐家)!可是,这些军官一旦说话和行动,就成了古老欧洲最不谦逊、索然无味的人了,他们对此当然是意识不到的,肯定意识不到!同样,那些视他们为上流社会中人并且乐于让他们"定调子"的优秀德国人当然也是意识不到的。军官的确在"定调子",上士和下级军官在模仿。请听听那些军事口令吧,德国各城市到处都有这声音在咆哮。军队在每座城门前操练着,口令的吼声是何等傲慢,其权威感是何等气冲牛斗,又是何等冷漠呀!

德国人真是一个有音乐素养的民族吗？毫无疑问，德国人的说话语调已经军事化了。口语既然已熟练地军事化，那么书面语也可能很快会变成这样，因为人们对这声调习惯了，它已深入民族个性中了。与这声调相适应的词汇、习语和思想，人们可以张口即来！

目前，人们的书面语也许在仿效军官文体。我虽很少拜读德国人写的文章，但有一点我是确信不疑的：已经闯入外国的德国公众集会并非受到德国音乐的激励，而是受到味同嚼蜡的傲慢自大的新腔调的鼓舞。德国一流政治家的讲话，以及通过皇家话筒传达的讲话，几乎全是外国人不愿听，甚至极为反感的语调，可德国人却能忍受——自己忍受自己。

105. 身为艺术家的德国人

当德国艺术家真正陷于激情（而不仅仅像通常那样只有达到激情的良好愿望），他的行为举止便为激情所左右，而不顾行为举止究为何样。可事实是，他的举止奇丑无比，奇笨无比，仿佛没有一点节奏和韵律，观众感觉到的只是他们的难堪和激动，仅此而已！如果他能把自己提升到某些激情所能达到的崇高和狂喜的程度，那么，这个德国艺术家就变美了！

处于什么样的高度，美才能将其魅力散发到德国人身上呢？这个问题推动德国艺术家进入过度的激情高潮，此乃一种深切要求：要求超越丑陋和笨拙并由此向外观察，观察更美好的、更轻松的、阳光更璀璨的南方世界。因此，他们的痉挛式的激情常常只是一种迹象，表明他们要舞蹈。这些可怜的熊啊，在其内心，有水泽仙女和森林诸神在驱赶它们的本性，其中也不乏更高的神明。

106. 把音乐当成拥护者

"我渴望有一位音乐大师",一位改革家对他的门生说,"让他学会我的思想,再用他的音乐语汇传播,这样,我必能更取悦于人、更深入人心了。用音乐可以把人们导向谬误或真理,谁能驳斥音乐呢?"

"这就是说,你不想被人驳倒?"门生反问道。改革家说:"我想叫树苗长成大树。为了让一种学说变成大树,它必须让人相信它,为了博得信任,它又必须被视为驳不倒的。风暴、怀疑、虫害、邪恶对于树苗都在所难免,这样才能显出它的气度和力量;它要是还不够强大,就让它被摧折好了!可是,一棵树苗只能被消灭,却不能被驳倒!"

他说完后，门生急不可待，叫嚷起来："我相信你的事业，并且认为它是强劲有力的，因此不妨说出我内心反对它的话吧。"改革家窃笑，伸出手指威胁他，道："像你这样的门生是最优秀的，但也是最危险的。并非每一种学说都容忍你！"

107. 对艺术的感激

假定我们没有创造出艺术这一虚构的文化形式，并喜欢这形式，那么，看透普遍存在的虚伪和欺骗（现在科学已经给了我们洞见的可能），看透认识和感觉中空想和错误的局限性，那将是无法忍受的。诚实可能导致厌恶和自杀，但我们的诚实却具备一种相反的力量，它可以帮助我们避免接受"艺术就是追求虚幻的良好意愿"这一结论。我们并非总是禁止眼睛转动，并非一直让它紧闭。我们在"变化流"中所承受的不再是永恒的缺憾,而认为承受了一位女神,并且荣耀而质朴地为女神服务。

作为美学现象,存在对于我们来说总还是可以忍受的。眼睛、手以及良知可以通过艺术使我们有能力从内心呈现这类现象。我们有时必须静息一下,办法是把视线转移,从艺术的远处来嘲笑或痛哭自己;我们必须发现潜藏于我们认识激情里的英雄和愚蠢的人;为了感受我们智慧的欢悦,有时就必须感受我们愚昧的乐趣!

正因为我们在内心深处觉得自己是忧郁严肃的,并且比常人重要,所以,没有什么东西能像一顶淘气鬼的帽子那样对我们有好处。因为自己的缘故,我们需要这帽子,需要一切傲慢、飘飞、舞蹈、揶揄、稚气和极乐的艺术,以不致失去超尘拔俗的自由——这自由是我们的理想要求于我们的。倘若我们因过于诚实而完全陷于道学观念,并给自己提出过苛的道德要求，沦为道德怪物和稻草人的话，那么，这对于我们无疑是一种倒退。

我们本可以超越道德的，不仅可以立于道德之上（尽管因时刻担心跌落，故姿态有些胆怯和僵硬），而且还可以在道德上空飘飞和嬉戏！

为此，我们怎能缺少傻乎乎的艺术呢？倘若你们总自以为耻，就绝不要与我们为伍！

108. 新的战斗

自从佛陀寂灭后，人们在一处山洞中展示他的形象达数世纪之久——一个非常可怕的形象。

上帝死了，但是人类会构筑一个千年不坏的山洞，在山洞里人们会展示他的形象。

而我们——我们仍然必须克服他的形象！

109. 我们可要当心

我们可要当心,别以为世界是一个活的实体。它延伸至何方呢?它靠什么供养呢?它如何成长壮大呢?我们大略知道什么是有机体,难道我们应该把仅在地球表面感知到的又难于言说的派生、迟来、罕见和偶然的事物重新阐释为本质的、普遍的和永恒的吗?正如那些人所为,把一切称之为有机体吗?这实在令我反感。

我们可要当心,别相信宇宙是部机器,它并非是为某个目的而构建的。我们使用"机器"这个字眼,对它似有溢美之嫌。

我们可要当心,不要假设一切事物都像邻近的星球运行那样有规律。我们抬头向银河一望,便会产生这样的疑问:那里是否存在许多原始的、相互矛盾的运动呢?是否同时也存在许多永远是直线运行的星星呢?我们生活于其中的星球体系是个例外,这体系以及由该体系所规定的持久性又造成例外的例外,即形成有机体。世界总的特点永远是混乱,这并不是说没有必然性,而是指缺乏秩序、划分、形式、美、智慧以及一切称之为美的人性。以我们的理智来判断,未成功的成功才是规律,例外并非什么秘密目的,整个百音盒永远重复着那种永远不能称之为旋律的工作方式。"未成功的成功"这一说法已是含有非难之意地人格化了,可是,我们怎么可以对宇宙非难抑或称颂呢?

我们可要当心,别指着宇宙的脊梁说:它无情、无理性,也不要说它的矛盾。它既不完美,又不漂亮、高贵。它不想变成任何东西,根本不致力于模仿人类!我们的美学和道德的评估休想对它发生影响!它也没有自我保存欲,根本没有本能欲望,它不懂何为规律。

我们可要当心,别说自然界存在规律,它只存在必然性。没有发号施令者,没有遵命者,也没有越界者。如果你们知道,世间不存在任何目的,那么也必然知道,世间不存在任何偶然,因为只有在存在目的性的世界上,"偶然"这个词才有意义。

我们可要当心,不要讲生死相互对立。生就是死的一种形式,而且是十分罕见的形式。

我们可要当心,别以为世界永远在创造新东西,世间不存在永恒的物质。如同古希腊埃里亚学派之神一样,物质也属谬误。

可是,我们左一个当心,右一个留神,何时了结呢?我们何时方能去掉大自然的神性呢?我们何时方能具备重新被找到、重新被解救的纯洁本性而使人变得符合自然呢?

110. 知识的起源

在悠长的岁月里,人的悟性除了铸成错误

外，别无其他。有些错误被证明是有益的，有助于保存人的本性。人们遇到这些错误或承袭错误的人，便怀着更大的幸福情感为自己为后代奋斗着。这些错误的信条代代沿袭，最终变成人性的基本要素。比如存在如下一些错误的信条：存在恒久不变的事物、相同的事物；存在着物体、实体、肉体；一个事物看起来是什么就是什么；我们的意志是自由的；什么东西对我有益，那它本身就是有益的。如此等等，不一而足。

只是很晚以后才冒出怀疑和否定这些信条的人，真理也才露头，不过也只是一种无力的认知形式罢了。人们似乎不想同真理共同生活，我们的肌体组织是为真理的对立场而设置的，肌体的高级功能、感官的感知和每一种情感都同那些自古就被接受的基本错误合作，更有甚者，那些信条在知识领域居然成为人们判断"真"与"假"的标准了，直至纯粹逻辑最冷僻的范围,概莫如此。这就意味着:知识的力量不在于真实的程度,而在于知识的古老、被人接受的程度,以及它作为生存条件的特性。

凡是在生活与知识发生矛盾的地方,绝不会出现严肃的斗争,否认和怀疑被视为是愚蠢的。尽管如此,那些不同凡响的哲学家,比如古希腊的埃里亚学派,就提出并恪守与那些错误对立的观点,他们相信,这些对立的观点是可以生存下去的。他们认为哲人坚定、冷静客观,视野包罗万象,既是个人又是全体,对于反向的知识具有特殊能力,他们相信哲人的知识即为生活的准则。为了能保持这一切,哲人必须对自己的现状产生错觉,必须恒定地虚构自己冷静客观和历久不变,对认知者的本性予以误解,否定认知中本能欲望的力量,把理性视为完全自由、自发产生的活动,他们在反对普遍通行的事物的斗争中实现自己的准则,或者在要求获得安宁、占有和统治时也实现自己的准则,对于这些要统统视而不见,用手捂住双眼。诚实和怀疑的高度发展终难造就这样的奇才,他们的生活与判断依赖于原始的本能欲望和一切感知的基本错误。凡是出现两种对立原则都适用于生活的地方,就会产生诚实和怀疑,因为这二者都能容忍那些根本性的错误,从而也就会出现争执,争辩某种功利是大还是小。

诚实和怀疑也会出现在那些地方:在那里,新的定则对于生存虽然无益但至少也无害,新的定则是一种智性的游戏本能之表现,就像一切游戏一样,它们既无害又使人快乐。人的脑海慢慢充满这类评判和信念,于是从混乱如麻的思绪中产生出了亢奋的情绪、斗争和权欲。在为"真理"而斗争的过程中,不仅功利和欲望,而且每一种本能均各有偏袒;智斗成了工作、刺激、职业、义务和荣耀,终于,知识与求真作为一种需要而归并到其他需要之中,从此,不单是信念,而且审察、否认、怀疑和矛盾都成了一种力量,一切"邪恶的"本能全都从属于知识,为知识服务,并且得到许可、尊崇和有益的荣光,最终成了"善"的眼睛,清白无辜。

这样,知识成为生命本身的一部分,进而变成日渐增强的力量,最终知识和那些天荒地老的根本性错误互相冲突,二者都是生命,都是力量,二者共存于同一个人身上。思想家这时成了这样的人:在求真的本能欲望被证明是一种保存生命的力量之后,他内心求真的本能欲望便与那些保存生命的错误开展了首次斗争。与这斗争的重要性相比,其他的一切都无关宏旨。在这时,提出了有关生存条件的最后一个问题,也首次进行了尝试,并用试验对此问题作出回答。真理在多大程度上才容忍那些被接受的错误呢?这既是问题,又是试验。

111. 逻辑的来源

逻辑是怎样在头脑中产生的呢?肯定是从非逻辑中产生的,非逻辑的领域一定是非常广阔的。

过去,许多人做推论完全不同于我们今天,所以都遭到毁灭,这是不争的事实!举例来说,谁若不是经常根据谋生之道和敌视他的人去发现"同类",谁若对事物归纳概括得过于迟缓和谨慎,那么,谁继续生存的可能性就小于能从一切相似中立即找到同类的那一个人。

然而,把相似当作相同对待,这一占绝对优势的倾向却是非逻辑的倾向,因为本来不存在相同的东西,可是这倾向却奠定了逻辑的基础,正因为这样,事物的变化必然长期被忽视,不为人感知,以便产生对于逻辑必不可少的物质概念,尽管没有什么实际的东西与这概念相符。

观察不甚仔细的人比那些在"变化流动"中观察一切的人占优势。在推论中过分谨慎，或者怀疑成癖，本来就对生命构成极大的危害。如果不下大力气培育出相反的癖好，任何人就都不能自我保存。相反的癖好指的是：宁愿肯定而不作判断；宁愿出错、虚构而不愿等待；宁愿认同而不否定；宁愿评估判断，而不要合理。

我们现在脑子里的逻辑思维和推论的过程与自身非逻辑、非正当的本能欲望的过程和斗争是一致的，我们通常只经历斗争的结果罢了。这个古老的机制现在就发生在我们内心，如此迅疾，如此隐秘。

112. 因 果

我们称之为"诠释"，实则为"描述"，这

描述表明我们比古老文明阶段的认识和科学要出色一些。我们长于描述,至于诠释,我们做得和前人一样少。

我们发现林林总总的连续发生的事物,而在古老文明时代,纯真的人们和探索者只看到两点,即"因"和"果"。我们对于变化有圆满的概念,却无法超越这概念,亦无法深入这概念的背后。每件事都有一系列"原因"呈现于我们面前,于是我们就推断:这个先发生,那个接踵而至,然而却无所领悟。比如,每次化学变化过程是"奇迹",每次继续运动也是"奇迹",可谁也没有对引起继续运动的撞击做过"诠释"。我们又怎能诠释呢!我们只是使用一些不存在的东西,以及使用线、面、体、原子和可分割的时空;当我们首先把什么都变为概念——变为我们的概念时,又怎能诠释呢?

把科学视为事物的人性化,这就够了;我们描述事物及其先后嬗递,从而更仔细地描述我们自己。因与果，恐怕永远不再有这二元论了。事实上，我们面前有的只是一种连续，可我们却把有些东西同这连续孤立起来，比如一种运动，我们感觉它是孤立的各点，而这还不是观察出来的，而是推断出来的。

许多的"果"由于突然出现而把我们导向错误，我们仅仅感到突然，而无数的过程却在这突然的瞬间擦身而过了。

视因果为连续，而不要依照我们的本性把它们视为随意肢解的片段；视发生之事为一种"流"。倘若一种智力能做到这点，它便会将因果概念抛却，将一切条件否定。

113. 毒药的学说

为了产生科学的思考，必须创造和培育出各种必要的力量，并使它们结合在一起。这些力量各自单一发生作用,常常不同于它们在科学思考中相互限制、相互控驭的作用。比如,怀疑的本能、否定的本能、等待的本能、聚合的本能、分解的本能等力量犹如毒药在起作用。在它们尚未懂得彼此的并存、尚未懂得互相间是作为人的内心有组织的力量在起作用之时,大批的人就已沦为牺牲品了!

我们要在科学的思考中加进艺术力量和生活的实践智慧,形成一种比我们现在所熟悉的由学者、医生、艺术家和立法者这些老古董所组成的有机系统更高的有机系统。我们离这个目标还有多远呢?

114. 道德的范围

我们在讲述一幅我们看到的新画时,会立即搬出自己过去所有的体验。当然在讲述体验时，人们的诚实程度是有区别的。除道德体验外，不存在别的体验，即使在感知范围内也是这样。

115. 四种错误

人一直在接受本人错误意识的教育。第一，他看自己总是不完美；第二，他给自己附加臆造的个性；第三，在与动物和大自然的关系方面，他觉得自己处在一个错误的地位；第四，他总是创造新的财富，并且在一个时期内认为这财富是永恒的、必需的，这样，占首要地位的，一会儿是这个欲望，一会儿是那个欲望，而且因为他的看重，这些欲望全都变得高尚起来。

我们若是无视这四种错误所造成的后果，我们也就无视人道、人性和"人的尊严"了。

116. 群体直觉

我们不论在何处面临何种道德,总发现人们会对人的欲望和行为作出评估,并划分等级。这实际上代表着一个群体的需要,什么东西对他们有益,何者为先,何者居次,何者第三……这也是一切个体的最高价值标准,个体受道德的教导,要成为群体功能的一部分,个体的价值就存在于群体功能中。

由于保存群体的条件因群体而异,所以便有迥然不同的道德。时下,各种群体、国家和社会处于巨变之中,故而可以预言,将会出现种种走火入魔、旁门左道的道德。

道德乃是个人的群体直觉。

117. 群体的良心谴责

在人类漫长而遥远的岁月里,有一种完全有别于当今的良心谴责。当今,人们只对自己想做并已做完的事情负责,而且都有个人的尊严。法学教师的讲授都以这一个人的自我情感和快感为出发点,似乎自古以来这儿便是法律的起源地。但是,在人类悠久的历史上,没有什么东西比个人孤独更叫人害怕的了。孤独或感觉孤独,既不受别人指使也不指使别人,仅仅代表个人,这在当时并非一种快乐,而是惩罚:"被判罚为个人独处。"思想自由反倒觉得浑身不自在。

我们视法律和服从为强迫和损害,而当时的人们视自我本位为尴尬和痛苦。孤独,以自己的标准去衡量一切,这在当时是违背时尚的。如果谁喜欢这样做,人们就说他是疯子,因为痛苦、恐惧皆与孤独有不解之缘。

那时,"自由意志"与"居心险恶"结伴为邻。人们行动越是不自由,表现出的群体直觉越多,越是戒绝行动中的个人意识,这样,人们就越是觉得自己具有美德。凡是损害群体的行为,不管个人有意还是无意,均受良心的谴责。他的邻人和整个群体都是这样的。

在这方面,我们已极大地改变了观念。

118. 善 意

一个细胞成为另一个更强的细胞的功能,这是美德吗?它必须如此。更强的细胞把那个细胞同化了,这是邪恶吗?它同样必须如此,因为它致力于充足的补偿,它要再生。因此,我们不得不依据强者和弱者的善意来区别吞并的本能和顺从的本能。

总想把别的东西转化为自己的功能,这样的

强者内心交织着欢悦和贪婪；而愿意变为强者之功能的弱者内心充溢着欢悦和被贪占的意愿。

同情弱者是第一要务，同情乃是对攫取欲的刺激，最令人欣慰的刺激。必须考虑的还有：所谓"强"与"弱"是两个相对的概念。

119. 这并不是利他主义

在许多人身上，我看到一种渴望成为某种功能的过盛的精力和盎然的兴致，他们对于那些恰好有可能成为功能的地方有着特别敏锐的嗅觉，且趋之若鹜。

其中也包括那些女人：她们把自己能变为男人的功能（这功能在男人身上较弱），变成男人的钱包、政治或交际手腕。她们自我保存的最好办法，莫过于把自己融入别的有机体内；倘若不成功，便自怨自艾，甚至自杀。

120. 心灵的健康

在医学领域,有一个受人喜爱的道德公式(始作俑者为阿里斯顿·冯·契奥斯):"道德即心灵的健康。"为让这公式适用起见,不妨稍作改动:"你的道德即是你心灵的健康。"因为健康本身并不存在,所以,一切界定某个东西是健康的图谋无不遭到可悲的失败。

确定你的身体是否健康,关键要看你的目的、视野、精力、动力、错误,尤其是你心灵的理想和想象力。如此,便会有形形色色的健康。越是让不同的个体昂起头来,越是忘却"人是相同的"这一教条,那么,我们医学家该抛弃的概念就会越多,诸如正常健康的概念、正常的病人饮食、正常的患病过程等。然后,才对心灵的健康和疾病作进一步思考,并且把每个人各具特点的道德摆到他的健康中加以考虑。自然,在某个人那里是健康的,在另一个人可能就是不健康的。

末了,尚有一大问题悬而未决:我们可否不患病而发扬道德呢?我们求知和求自知的渴望是否特别需要患病的和健康的心灵呢?简言之,一味追求健康的意志是否是一种偏见、怯懦,或许竟是高雅的野蛮和落后呢?

121. 生活不是论据

我们为自己创造了一个适于生活的世界,接受了各种体、线、面、因与果、动与静、形式与内涵。若是没有这些可信之物,则无人能坚持活下去!不过,那些东西并未经过验证。

生活不是论据。生存条件也许原本就有错误。

122. 基督教对道德的怀疑

基督教曾对启蒙有过很大贡献。它教导人们对道德采取怀疑态度，其方式深刻而讲实效：那是一种非难、指控、冷酷无情而又极度耐心细致的方式。它消除了每个人内心对其"道德"的信仰，使得那些古代名目繁多的伟大道德以及那些自以为完美无缺、怀着斗牛士的荣耀四处游荡的名士永远从地球上绝迹。

我们受过基督教"怀疑学校"的教育，今天再读古人比如辛尼加和伊庇克特之流的道德书籍，便领略到一种短暂的优越感，并且心中充满神秘的洞察和概观，此刻，我们可谓豪气干云，犹如稚童面对老翁讲话，又似美丽而激动的妙龄女郎面对拉·罗赫福考德倾谈：我们知道何谓道德，知道得相当清楚！

最终，我们也用这样的怀疑态度看待宗教的一切现状和事物，比如罪恶、忏悔、感恩、圣灵化等,有如"钻牛角尖",这样,我们在阅读基督教书籍时也产生同样的优越感和洞察力,我们也完全懂得宗教情感究竟是什么东西了!是好好认识和描述这情感的时候了,因为奉行古老信条的虔诚者正在灭绝,让他们拯救他们的投影形象和模型吧,至少为知识界!

123. 科学并非只是工具

即使没有新的热情——我指的是追求知识的热情——科学照样得到促进,发展壮大。如今,不管是相信科学还是对科学存在迷信(这迷信对科学有利,它现在统治着各洲,而过去起支配作用的是宗教),都绝少表现出对科学必要的热情。科学也没有被视为求知的热情,只是现状和"风俗"罢了。是的,人们常常只对知识怀有好奇心,习惯于这"风俗",这就够了。有些人是为了名誉和荣耀，还有许多人不知如何打发过多的闲暇而去读书，去收集、整理、观察，向别人转述。这些人的"科学欲"实际上只显出他们的百无聊赖。

罗马教皇里奥十世有一次居然对科学唱了赞歌，把科学称为我们生活中最美的饰物，最值得骄傲，是幸与不幸中的高尚事物。他最后还说："没有科学，人的一切活动就失去坚实的支柱；即使现在有科学，我们的行动还大有改进的余地，人们依然感到没有把握！"可是，这个平庸而多疑的教皇隐瞒了对科学至关重要的评价，这与教会中所有赞颂科学的人如出一辙。人们从他的话里听出，他把科学置于艺术之上了。对于他这个艺术爱好者岂非咄咄怪事！原来，他这次闭口不谈艺术高于科学，仅仅是出于客气和礼貌罢了。在他，没有挑明的东西才是"被揭示的真理"，才是"灵魂的永恒福祉"，才是生活的饰物、骄傲、支柱和稳定呢！

"科学是二等事物,并非特别重要,不是绝对必需,不是热情追寻的目标。"这个评价留在里奥十世的心灵深处,这原本就是基督教对科学的评价啊!

在古代,科学是很难获得尊崇和赞扬的,即便对科学最热心的学人也把追求道德放在首位;把知识当作道德的最佳工具加以赞美,这就已经是对知识的最高奖赏了。知识不愿只当工具,这在历史上还是新鲜事哩。

124. 无穷的视野

我们离开了陆地,乘船远航!我们把那座桥梁远远抛在了身后,那片陆地似乎在我们身后撤走,消失了。小船呀,你可要当心!你身处大海,它并非一直咆哮,现在它就静卧着,犹如绸缎、黄金和亲切的梦幻。

然而,那一时刻一定会到来:届时你将看到大海浩渺无涯,没有什么比浩渺无涯更可怕了!

噢,可怜的小鸟,它虽感自由,可现在又在撞击这笼子的笼壁了!

当你备受眷恋陆地的煎熬,当你痛苦时,似乎在那里有更多的自由,可"陆地"已不复存在!

125. 疯 子

你们是否听说有个疯子,他在大白天手提灯笼,跑到市场上,一个劲儿呼喊:"我找上帝!我找上帝!"那里恰巧聚集着一群不信上帝的人,于是他招来一阵哄笑。

其中一个问,上帝失踪了吗?另一个问,上帝像小孩迷路了吗?或者他躲起来了?他害怕我们?乘船走了?流亡了?那拨人就如此这般又嚷又笑，乱作一团。

疯子跃入他们之中，瞪着两眼，死死盯着他们看，嚷道："上帝哪儿去了？让我告诉你们吧！是我们把他杀了！是你们和我杀的！咱们大伙儿全是凶手！我们是怎么杀的呢？我们怎能把海水喝干呢？谁给我们海绵，把整个世界擦掉呢？我们把地球从太阳的锁链下解救出来，再怎么办呢？地球运动到哪里去呢？我们运动到哪里去呢？离开太阳吗？我们会一直坠落下去吗？向后、向前、向旁侧、全方位地坠落吗？还存在一个上界和下界吗？我们是否会像穿过无穷的虚幻一样而迷路呢？那个空虚的空间是否会向我们呵气呢？现在是不是变冷了？是不是一直是黑夜，更多的黑夜？在白天是否必须点燃灯笼？我们还没有听到埋葬上帝的掘墓人的吵闹吗？我们难道没有闻到上帝的腐臭吗？上帝也会腐臭啊！上帝死了！永远死了！是咱们把他杀死的！我们，最残忍的凶手，如何自慰呢?那个至今拥有整个世界的至圣至强者竟在我们的刀下流血!谁能揩掉我们身上的血迹?用什么水可以清洗我们自身?我们必须发明什么样的赎罪庆典和神圣游戏呢?这伟大的业绩对于我们是否过于伟大?我们自己是否必须变成上帝,以便显出上帝的尊严而抛头露面?从未有过比这更伟大的业绩,因此,我们的后代将生活在比至今一切历史都要高尚的历史中!"

疯子说到这里打住了,他举目望听众,听众默然,异样地瞧他。终于,他把灯笼摔在地上,灯破火熄,继而又说:"我来得太早,来得不是时候,这件惊人的大事还在半途上走着哩,它还没有灌进人的耳朵哩。雷电需要时间,星球需要时间,凡大事都需要时间。即使完成大事,人们听到和看到大事也需要时间。这件大事还远着呢,比最远的星球还远,但是,总有一天会大功告成的!"

人们传说，疯子在这一天还闯进各个教堂，并领唱安灵弥撒曲。他被人带出来，别人问他，他总是说："教堂若非上帝的陵寝和墓碑，还算什么玩意呢？"

126. 神秘的诠释

神秘的诠释被视为深奥；事实上，它从来就没有肤浅过。

127. 古代宗教的余绪

大凡没有思想的人总认为意志是唯一起作用的东西，而愿望则是简单的、现成的、不可转移的、不言而喻的。比如他实施一个打击，他以为他就是打击者；他打了，是因为他决意要打。对于一个问题本身,他根本发现不了什么,而意志则足以使他接受因与果,而且还使他相信,他懂得了因果关系;对于所发生之事的机制,对于一件必须完成的复杂纷繁的工作的机制,以及意志本身对实施这工作几乎无能为力,他却一概不知。在他,意志是魔幻力量,相信意志就是相信后果的原因,就是相信魔幻的力量。

于是,人们不论在何处,观察事情总相信意志是在背后起作用的原因,因而远离必然和自动的运行机制。因为人很久以来只相信人(不相信物质、力量、事物等),故而,相信因果就成了人的基本信念了。不论何处发生何事,他一律运用这一信念来观察。这在当今仍是十分本能的行为,是一种返祖现象。"没有原因的后果是不存在的""凡后果又必成原因",这些话从表面看似乎把下列较狭义的话一般化了:"凡后果均为意志造成""只对有意志的人才产生后果""从来不存在纯粹地、无后果地遭遇某种后果",一切遭际均系意志造成(行为、防卫、复仇、报复等)。在人类远古时代,这所有的说法都是同一个意思,前面的句子并非是后面的句子的一般化,只能说后者是前者的解释。

叔本华有一个假设:凡存在的只是意志罢了,于是把一个古代神话捧上了王位。他似乎从未对意志作过分析,因为他和每个人一样,只相信一切意志的单纯性和直接性;而意愿只是一种习以为常的机制,故容易逃脱眼睛的观察。我要对叔本华提出以下的看法:第一,为了形成意志,必须要有兴趣和不感兴趣的观念。第二,感受到某种强烈的刺激,亦即感受到兴趣或不感兴趣,这是对事物进行阐释的思考力,它是在我们无意识的情况下工作的;这刺激可以解释为对某事感兴趣或不感兴趣。第三,只是具有思考力的生物才有兴趣、非兴趣和意志;

绝大多数有机体则无。

128. 祈祷的价值

祈祷是专门为那些根本没有自己的思想、不知如何提升灵魂的人而设的。在生活的神圣场合、在要求安宁和庄严的场合，如何使这些人自处呢？至少不要让他们起干扰作用，于是，大大小小的宗教创始人就聪明地把祈祷这一形式套在他们身上，祈祷是嘴巴上的功夫，机械刻板的差使，思想要紧张，手、脚、眼都有规定的姿态！他们或者像藏民一样，不停地喃喃念着："Om mane padme hum"，或者像贝那勒斯[①]的人们一边掐指，一边"Ram——Ram——

---

① 贝那勒斯，印度城市名，位于恒河之滨，为印度教圣地。

Ram"低诵神的名字,把维湿奴①的名字念上一千遍,真主的名字念九十九遍,使用转经筒的玫瑰花环,不管如何,首要的就是让他们在一定的时间内被固定下来作祈祷,表现出一副坚忍的姿态。祈祷的模式就是为那些虔诚教徒的功德利益而设计的,他们一门心思要升华自己的思想。这些人也有厌倦的时候,但一系列尊敬的佛语、声响和虔诚刻板的形式就会打破厌倦,使他们感到惬意。

假设这些稀有的人——在每种宗教里,真正虔诚的人只是例外——知道应该这样帮助自己,则还有一些思想贫乏者不知如何自处,若禁止他们喃喃祈祷,无异于剥夺了他们的宗教信仰。基督新教越来越表明了这一看法,与其这样做还不如让他们保持眼、手、脚和一切器官的安宁,这样可使他们一时变美,更像一个人!

---

① 维湿奴,印度教三大天神之一。

129. 上帝存在的条件

"要是没有聪明人,上帝本身也不能存在。"路德说过此话,说得在理;然而,"没有愚人,上帝更不能存在。"这句话,善良的路德没有说过!

130. 危险的决心

基督教决意揭示世界的丑陋和恶劣,却反倒造成世界的丑陋和恶劣。

131. 基督教与自杀

基督教创立之时,曾向人们提出自杀的可怕要求,并以此作为它的权力杠杆。

它只允许两种自杀方式,并且用最高的尊严和最高的希望加以掩盖。其他的自杀方式是严厉禁止的。不过,殉教和苦行僧的慢性自戕又是允许的。

132. 反基督教

现在,反基督教已经不再是我们的动因,而是我们的兴趣了。

133. 原 则

一种不可避免的假设(依此假设,人类必将愈益衰败),会在很长时间内比最坚定的信仰(坚信某种不真实的东西,比如基督教)更有力量。"很长时间"指的是十万年。

134. 悲观主义者是牺牲品

凡在对生活深感厌倦的情绪占上风的地方，就会显出一个民族因长期饮食不当而带来的后果。比如，佛教的传播（不是它的起源）在很大程度上取决于印度人过多地、几乎清一色地食用大米，以及由此而造成的普遍的身体虚弱。

也许，新时期欧洲人的不满可以从以下事实看出：我们的先世，即整个中世纪，完全沉溺于酗酒，那是受日耳曼民族嗜酒的影响。中世纪的欧洲意味着酒精中毒。

德国人对生活的厌倦导致人在冬季病弱不堪，其中也有地下室空气不洁及火炉产生有毒气体的原因。

135. 罪恶的起源

凡是基督教统治或曾经统治过的地方，人们都会有罪恶感，罪恶感是犹太人的情感，也是基督教所有道德的背景，在这方面，基督教实际上是要使全世界"犹太化"。

它在欧洲取得了多么大的成功，人们已经清楚地感觉到了。古希腊是没有罪恶感的世界，它对"犹太化"感觉古怪、陌生，这也就是我们今天的情感；当然也有接近和吸纳它的愿望，世世代代众多卓越人士教导人们不能没有这愿望。"只有当你悔罪时，上帝才会宽佑你。"希腊人觉得这话可笑又可怒，他会说："也许只有奴隶才有这情感。"

在此假设了一个超强而报复欲极盛的上帝，他的威力无比，凡人除了会损害他的名誉外，再也不可能损害他；而每个罪恶就是在损害他的名誉呀，千真万确！悔悟、受辱、在灰尘里打滚,这便是与上帝恩惠息息相关的首要条件了,也就是在恢复上帝的名誉了!至于罪恶会不会造成别的损害,会不会种下诸如病魔一样的灾祸并殃及、扼杀无数生灵,这个身居天庭、追逐名誉的犹太人是漠不关心的,因为所谓罪恶只是对他犯罪,而非对人类犯罪!他把恩惠赐给谁,也就赐给谁无忧无虑。上帝和人类被想象得如此疏离和对立,以致从根本上说就不可能存在对人类犯罪,因为每个行为只看它的超自然后果,而不是看它的自然后果。

犹太人的情感所盼望的就是这个,一切自然的东西有失这情感的尊严;希腊人则不同,他们认为即使犯罪也有犯罪的尊严,比如普罗米修斯的偷盗,阿亚克斯的杀生——发泄其疯狂的嫉妒。他们给犯罪的动机虚构尊严并获得尊严,从而上演了悲剧——这种艺术和兴趣对犹太人而言是非常陌生、怪异的,纵然他们具备向往崇高事物的诗人天赋和爱好。

136. 被遴选的民族

犹太人感到自己是从各国人民中被遴选出来的,因为他们是其中的道德天才(得益于比任何民族更深刻蔑视人的禀赋)。犹太人因有上帝这位君主和圣者而志得意满,正如法国贵族因有路易十四一样。

法国贵族让君主剥夺自己的一切威势和自尊,因而受人鄙视。为了不使自己感受这一切,忘记这一切,他们需要国王的光辉,以及国王那只有贵族方能接近的无与伦比的威望和强权,他们凭借接近王权的特权而居庙堂之高位,于是鄙夷、傲视一切,也超脱了内心的不安。所以,他们有意识地把王权之塔越建越高,使之耸立云端,同时也把自己权力的最后一块砖砌在高塔上。

137. **打个比喻**

耶稣基督只在犹太人的环境中才可能出现。我指的是这样的环境:上空持续布满那酝酿着暴风雨的乌云、怒气冲冲的耶和华的乌云。那里的阳光极为罕见,偶尔突现一缕阳光,穿过那令人悚惧的、无穷无尽的白夜,这阳光被视为"爱"的奇迹,是受之有愧的"恩惠"。只是在那里,基督才梦见自己的彩虹和下凡的天梯。然而,在别的地方,晴朗的天气和太阳被看做规律、常事。

138. **基督的错误**

基督教的创始人以为,没有什么比罪恶更令人痛苦了。其实他错了,错就错在他感到自己无罪,压根儿就没有犯罪的经历!于是,他内心充满着一种古怪的、臆造的怜悯：怜悯犯罪的痛苦。其实，他的子民——罪恶的"创造者"——也很少感到这是一种剧痛！

然而，基督教徒事后追认基督的正确，进而将其错误神圣化，变成"真理"。

139. 激情的色彩

保罗[①]之流一贯对激情投去恶狠狠的一瞥，视激情为肮脏、倒错和败坏心灵的东西，故而，消灭激情成了他们的理想追求，他们只有在上帝身上才看到激情的纯洁性。

希腊人则不同于保罗和犹太人，其理想追求恰以激情为目标，视激情若拱璧，并加以升华、美化和神化。显然，他们感觉在激情中比在任何时候都幸福、纯洁、神圣。

---

① 保罗，耶稣的十二使徒之一。

现在的基督教徒呢？他们难道要在这方面变成犹太人吗？或许，他们已经变成犹太人了！

140. 过于犹太化的

如果上帝想成为爱的对象，就必须先放弃审判和正义。一个法官，一个仁慈的法官也不是爱的对象。

基督教的创始人是犹太人，在这方面自感不够高贵。

141. 过于东方化的 ①

什么？上帝爱世人有一个先决条件，这就是

---

① "东方化"与"犹太化"的意义相同。

世人要相信他；谁不相信这爱，他就给谁投去凶神恶煞似的眼神，以示威胁!

什么？有附加条件的爱是万能的上帝之情感！可是，这爱从来没有遏制他的名誉心和复仇欲念啊！

这一切过于犹太化了！

"如果我爱你，这与你何干？"① 用这句话来评价整个基督教就足够了。

142. 薰 香

佛陀说："不要阿谀奉承对你行善的人！"

把此话在基督教教堂里复诵一遍吧！它立即会净化那儿的空气。

---

① 这句话的意思是，真正的爱不要求互惠。

143. 多神论的最大益处

个人确立自己的理想,并从理想中引导出自己的准则、兴趣和权利,这在今天仍被视为世人最可怕的错误和自我崇拜。事实上,少数斗胆而为的人,不得不总要替自己作如下的辩白:"不是我!不是我要这样!而是上帝!我不过是上帝的媒介罢了!"

只有在创造诸神的奇特艺术和力量中,亦即在多神论中,人的这一本能欲望才得以释放,且变得纯洁、完善和高贵,因为这原本就是一种普遍的、不引人注目的欲望,如同固执、嫉妒和违抗等本能一样。

反对确立个人理想,曾是一切道德必须遵循的准则,且是唯一的准则;世人、每个民族都相信只有这么一个唯一的、至高无上的准则。可是,人一旦超越自我、超越世俗,便会发现众多的准则:一个神不会否定和亵渎另一个神！在这里，个人首次被承认，个人的权利首次得到尊重。诸神、形形色色的英雄和超人、凡人和下等人、侏儒、仙女、半人半马的怪物、山林神怪以及魔鬼等都被创造出来了，这正是一种不可小觑的预演，即对个人自主进行辩护的预演。人们把自由交给神，也就是把自由交给自己，用以对抗种种准则、习俗和邻人。

相反，一神论也许是迄今对人类最大的危害，它是僵化的教条，只信仰一个真神，除他而外，其余的神全是伪造的。这危害表现为：那种停滞状态正在威胁着人类，也就是我们可以看得见的、大多数动物早已达到的过早的停滞状态。这些动物相信类群里只有一个标准和典范，并把这一道德融化在自己的血肉里。

在多神论中，已经形成了人的自由思考和多向思考，这是一种力量，即一再创造新视觉并使之成为自己的视觉的力量。所以，在一切动物中，只有人的视角和视界不是恒定的。

144. 宗教战争

迄今,民众的最大进步表现在宗教战争中,因为宗教战争证明,民众开始以崇敬之心来对待各种概念了。

宗教战争之所以爆发,是因为各教派之间进行深入细致的争辩,从而使普遍的理性也随之精确细密化了,一般平民百姓也喜欢"钻牛角尖"了,对琐碎小事也十分注重了,甚至认为:"灵魂的永恒福祉"恰恰系于概念的细微区别上。

145. 素食者的危险

主要食用大米会促使人们吸食鸦片和其他麻醉剂,同样,主要食用土豆会促使人们酗酒。由此而造成后遗症:思想和感觉的麻木。

这与某些印度教师可谓不谋而合，他们就是要促使人们的思想和感觉麻木，鼓吹素食，并且要把它变成民众的准则，他们企图以此引起并扩大他们有能力予以满足的需要。

146. 德国人的希望

我们不要忘记，许多民族的名称常常是骂名，比如，鞑靼人，这名称是"狗"的意思。"德国人"本义是"异教徒"，这是哥特人皈依宗教后对本部落大量未受洗礼的人的称呼，是他们在翻译希腊文旧约全书时得来的叫法，"异教徒"在希腊文中是"民族"的意思。

请参阅乌尔菲拉①的文章吧：德国人是欧洲第一个非基督教民族，他们后来把老的骂名变

---

① 乌尔菲拉（310—383），西哥特民族的第一主教。

为引以为荣的名号,这是完全可能的,叔本华就把这当作他们的荣誉。这样,马丁·路德的事业也才得以完成。他教导他们不要成为罗马的附庸,教导他们要会说:"我挺立在此!我只能这样!"

147. 问与答

野蛮民族从欧洲人那里首先接受的是什么呢?是烧酒和基督教——欧洲人的麻醉剂。

是什么东西致使他们迅疾而亡?是欧洲的麻醉剂。

148. 宗教改革的发源地

当教会腐败、堕落到极点时,德国教会遭

受的破坏却最少，因此，德国成了宗教改革的发源地。这是一个迹象，表明人们对于萌发的腐败再也无法忍受了。

相比较而言，没有哪个民族比马丁·路德时代的德国人更恪守基督教义了。德国人的基督教文化正准备迎来百花争艳的局面，可惜就差一夜，这一夜带来的风暴摧毁了一切。

149. 宗教改革的失败

希腊人曾多次试图创立新的宗教，但都遭到失败，不过这也证明他们在很古的时代就拥有高度文化；同时也证明，在希腊很早就涌现出不同类型的个人，信仰模式不是单一的，不是只用一种"希望处方"医治不同的疾病。

毕达哥拉斯、柏拉图，也许还有恩培多克勒斯，以及更早的奥菲斯教的狂热奇才等，均渴望创立新宗教。前二人具有创教者的非凡胸襟和才华,对他们的失败,世人莫不惊异:其结果只是导致教派的分裂。一个民族的宗教改革失败,宗教派系抬头,人们据此可以推断,这个民族群体里已形成形形色色的多元化趋势,这个民族开始要摆脱恶劣的群体本能意识和道德习俗了。此乃具有重大意义的悬浮状态,有人惯于诋毁它,说它是道德沦落,可是,这状态正宣布卵细胞业已成熟,打破蛋壳指日可待!

马丁·路德的宗教改革在欧洲北方取得成功,这表明欧洲北方相对南方而言是落后的,它只有单一和单色调的需要。倘若南方旧世界的文化未被德国蛮族之血大量混杂,且渐趋蛮化,继而失去这文化的绝对优势,那么,也就不可能出现欧洲普遍的基督教化了。

一个人或者一个人的思想之影响愈广泛愈不受限制,那么受其影响的群众层次必然愈低;而不愿受其影响的反向努力则表露出内心的反向需要,这需要也就是自我满足和自我实现的需要。反过来说,若统治欲旺盛的强人只局限在教派之间施加微不足道的影响,那么人们据此可以推断,此时存在着一种真正的高度文化。这也适用于各种艺术和知识领域。

哪里有统治,哪里就有群众;哪里有群众,哪里就需要奴性;哪里有奴性,哪里就少有独立的个人,而且,这少有的人还具备那反对个体的群体直觉和良知呢。

150. 对圣者的批评

倘若人们要具备某种美德,难道就必须具备这种美德那最残忍的形式吗?正如基督教圣者曾经希望和必须具备的那样?

基督教圣者仅仅依靠观念忍受人生的煎熬,以至于人人在审视他的美德时,无不突然产生蔑视自我的情感。具有此类影响的美德,我姑且称之为残忍。

151. 关于宗教的起源

正如叔本华主张的,形而上的需要并非是宗教的源头,而是它后发的幼芽。在宗教思想的钳制下,人们习惯于"另一个世界"的理念;假若消除宗教的这一幻想,人们便产生难耐的空虚,总感到缺少了什么。从这一情感遂产生"另一世界",不过它是一个形而上的而非宗教的世界。

在远古时代,导致人们接受"另一世界"的并非是本能欲望,亦非某种需要,而是在解释自然现象时发生的错误,或者可以说是智力不济吧。

152. 巨 变

一切事物的光和色悉数改变了!我们已不能完全理解古人对日常耳熟能详的事物,比如对白天、觉醒之类的感受。这是因为古人相信梦,而现实的生活被另外的光线笼罩着。整个人生亦然。我们的"死"也是一种完全不同的死;一切经历之事完全是另一个样子,因为上帝从它们内部向外发光;一切决断、一切对遥远未来的展望也罩着另外一层光,因为人们获得神谕,或神秘的暗示,而且还相信预言。

人们对"真理"的感受也不同了,因为疯子被视为真理的传声筒,这委实令我们悚惧,或者令我们忍俊不禁。

"不公正"对情感的印象也不同了,因为人们担心不公正不仅是人为的处罚和侮辱,而且也是上帝的报复。

当人们相信魔鬼撒旦时,是何等欢愉呀!当人们发现恶魔就在近旁窥探时,是何等激情呀!当怀疑被视为最危险的罪恶,是对永恒之爱的亵渎,是怀疑一切美好、崇高和仁慈事物时,是怎样的一种哲理呀!

我们给林林总总的事物涂上新的色彩,且继续涂抹,可是,面对那位老大师——我指的是古人——面对他那绚丽辉煌的色彩,我们还有什么能耐呢?

153. 富于创意的诗人

"正是我亲手把这部最伟大的悲剧写就;也是我首次把道德放在生活里打上结,并把这个结死死抽紧,唯有上帝才能解开。"——贺拉斯如是说!

"出于道德的原因,我在第四幕中把诸神全部杀死了!那第五幕该如何写呢?悲剧如何收场呢?难道我得构思一个喜剧的结局吗?"

154. 生活对人的危害不同

你们根本不明白自己经历之事,像醉汉在生活中奔波,跌倒了,从阶梯上滚下去了。所幸,你们因为沉醉反而未受损伤。你们的肌肉无力,神志不清,便不像我们觉得阶梯上的石头如此之硬!

生活对于我们具有更大的危险性。我们是玻璃做的,一经撞击便感疼痛!一旦跌倒,就失落一切!

155. 我们缺少什么

我们发现并热爱大自然,这是因为我们头脑中不存在伟人。希腊人相反,他们对自然的情感完全不同于我们的。

156. 最有影响的人

一个人抗拒他的时代,把时代拒之于门外,更有甚者,还追究时代的责任。这样肯定造成影响。他是否想造成影响,这不重要,关键是他能。

157. 撒 谎

当心!他一沉思,就立即准备好了一个谎

言。这是所有民族经历过的一个文明阶梯。请想一想吧,罗马人说"门提利"[①]是什么意思?

158. 自找麻烦的个性

对一切事物追根刨底,这是一种自找麻烦的个性。它叫人总是使劲瞪大眼睛。最终发现的东西要比自己所希望的多得多。

159. 任何美德只适合于某个时代

大凡坚贞不屈的人,他的诚实常常促使他心神不安,因为坚贞不屈作为一种诚实的品格乃是另一个时代的美德。

---

① Mentiri,意为撒谎。

160. 同德行打交道

在美德面前,人们也可以不顾体面,溜须拍马。

161. 致时代的"情人"

出逃的神父和被释放的罪犯总是想装出一副不露过去劣迹的面部表情。

然而,诸君可曾见过这类人吗?他们知道未来反映在他们的脸上,并且对诸君——"时代"的情人——彬彬有礼,以至于面部丝毫不露对未来憧憬的表情。

162. 自我本位

自我本位是感情上的透视法则,根据这法则,近处的东西看上去大而重,远处事物的尺寸和分量则渐次缩小。

163. 大胜之后

大胜的最大好处,莫过于解除了胜利者对失败的恐惧感。

"我为何不能失败一次呢?"他自言自语,"我现在已有足够的本钱了。"

164. 寻求安宁的人们

我知道这些天才人物在寻求安宁,从他们

在自身周围垒起许多黑乎乎的东西我就知道。谁想睡觉,谁就会把房间弄黑暗,要么就钻进洞穴——这,就是对那些不知道又想知道自己最需要寻求什么的人的暗示!

165. 抛弃者的快乐

某人把某个东西彻底抛弃已经很久了,当他偶然重新遇见它时,还误以为是发现它呢。凡发现事物的人总是感到幸运的!

让我们比那些蛇类聪明点吧,它们躺在同一个太阳下实在过于长久了。

166. 我们只与自己交往

我的一切本性都在对我说:赞美我吧,推

动我吧，安慰我吧。其余的，我一概听不见；或者，即使听见也立刻忘却。

我们只与自己交往，一直如此。

167. 厌世与博爱

胃里装满着他们，不能再消化他们，人们就说：对他们厌烦了。对人的厌恶是过于追求博爱和"同类相残"的结果。

可是，是谁叫你把人当作牡蛎一般吞食呢，我的哈姆雷特王子？

168. 一个病人

"他的情况不妙！"——他哪儿不好？

"他患贪心病，贪图别人的赞美，但此病是

无药可治的。"——简直不可思议！整个世界都在恭维他，人们不仅用手而且还用嘴巴在抬举他哩！

"是呀，可是他听觉不灵呀。朋友赞美他，他听着好像是朋友在自夸；敌人赞美他，他听着好像是敌人要求得到同样的赞美；最后，余者之一——余者不多，也不像这一位有名——赞美他，他竟然感到受了侮辱，因为这人既不愿把他当朋友也不愿把他当敌人看待。他常说：既反对我又乔装正人君子，这样的人我才瞧不起呢！"

169. 公开之敌

在敌人面前表现出勇敢，实际上是为了自己，以便使自己依旧怯懦、优柔寡断、思绪混乱。拿破仑就是这样评价他知之甚稔的姆拉特的,一个"勇冠群伦"的人。

由此可知,公开之敌对某些人是必不可少的,倘若这些人要抬高自己并获取美德、显示阳刚之气和欢悦情愫的话。

170. 从 众

他至今一直随大流,赞美大众;不过,有朝一日他将沦为大众的敌人!他之所以从众,是因为懒惰,殊不知众人还不至像他所希望的那么懒,他们总要前进的!他们不允许任何人停滞不前!——可是他呢,喜欢待在原地不动!

171. 名 望

众人对某人的感激之情达到恬不知耻的程

度，某人也就有名望了。

172. 败兴者

A："你是个败兴的家伙，大伙儿都是这么说！"

B："没错！我败每个人结党营私之兴，所以没有一个派别原谅我。"

173. 深奥和故作深奥

知识深奥者致力于明晰；当众故作深奥者致力于晦涩，因为众人以为凡见不到底的东西皆高深莫测，他们胆小如鼠，极不情愿涉水。

174. 偏 离

议会制度意味着,允许公众在五种主要政见中选择,讨好那些喜欢独立、保持个性、为自己的政见而斗争的人士。

最后,不管是强令众人接受一种政见,还是允许五种政见,都无足轻重。但是,谁要是偏离这五种政见,势必招致物议。

175. 关于辩才

至今,究竟谁是片言可以折众的雄辩家?是那被猛擂的鼓声。只要国王在强权中保留这鼓声,它就一直是巧舌如簧的演说家和煽惑民众者。

176. 同 情

可怜的执政诸侯呀!他们的法律猝然变成要求了,而要求听起来又居然有傲慢的味道了!当他们一个劲儿说"我们"或"我的子民"时,古老而邪恶的欧洲不禁微笑起来。真的,欧洲——现代世界的庆典司仪——才不情愿同他们一起搞庆典呢,它或许会宣布:"小邦诸侯得服从暴发户!"

177. 关于"教育"

在德国,上等人缺乏一种重要的教育方式,即上等人的笑。德国的上等人是不笑的。

178. 有关道德启蒙

必须劝说德国人抛弃靡非斯特和浮士德①,这二者代表着道德偏见,即反知识价值的道德偏见。

179. 思 想

思想是我们情感的影子,思想总比情感暧昧、空幻、简单。

---

① 靡非斯特和浮士德,二者为德国传说中的人物。前者是魔鬼,后者是把灵魂卖给魔鬼的男子。歌德根据这传说写成世界文学名著《浮士德》。

180. 自由英才的美景良辰

只要教会存在,自由的英才哪怕面对科学也自己剥夺自己的自由!——其间,人们也赐予他们自由——就这点而言,他们的日子过得还挺美。

181. 跟随与带头

A:"有两个人,一个总是跟随,另一个总是带头,也不管命运把他们引向何方。然而,以德行和思想衡量,跟从的要高于带头的!"

B:"对吗?对吗?这话还是讲给他们听吧。它不适合于我,也不适合于我们!"

182. 孤 寂

一个人独处,说话声音不大,写字声音不大,因为害怕那空洞的回声——娥雪女神①如是评说。

在孤寂中,一切声音无不变调走样。

183. 属于美好未来的音乐

在我看来,世间的首席音乐家应是只知至幸之悲哀而不知其他悲哀的人。然而,这位音乐家至今尚未出现。

---

① 娥雪女神,希腊神话中的森林女神,因爱上纳西苏斯而遭冷落,其哀叹声长留山间,遂成回声。

184. 司 法

宁可听任别人偷盗自己,也不要周围一群稻草人,这就是我的癖好。这在任何情况下,只是癖好罢了,岂有他哉!

185. 贫 穷

他现在穷了,原因并非别人剥夺了他的一切,而是他抛弃了一切。缘何如此?——他惯于寻觅。

所谓穷人,正是那些对他甘愿受穷作了错误理解的人。

186. 心绪不宁

他现在所做的一切无不正当而平凡,但他

却心绪不宁,因为成就非凡卓绝之举乃是他的使命。

$187.$ 伤人的报告

有位艺术家作报告,炫耀他那十分美妙的灵感。他夸夸其谈,大放厥词,使用拙劣的说服技巧。这方式实在使我受到伤害,仿佛他在对群氓说话似的。之后,我花了一些时间研究他的艺术,但总感到像在"跟坏人打交道"一样。

$188.$ 劳 动

我们当中最懒惰的人,劳动、工人之类现在也与他十分贴近了!"我们都是工人!"若用此话表示国王谦恭有礼,这在路易十四时代也是挖苦和不礼貌的。

189. 思想家

他是思想家,这意味着:他简单地——比事物本身还要简单——对待事物。

190. 面对赞美者

A:"人,只受同一类型者的赞美!"

B:"可不是嘛!赞美你的人会对你说:你真像我!"

191. 辩 护

要破坏一件事,最刁钻的办法是:故意用歪理为这事辩护。

192. 善良人

什么东西能区分面善的善良人和其他人呢?

一个陌生的女人在场,善良人一见钟情,感到十分快意,他的第一个评价是"我喜欢她",接踵而来的,先是想占有(很少顾及对方的价值),继而迅速占有,终则享受占有的欢愉,使被占有者"蒙恩"。

193. 康德的玩笑

康德决意采用冒犯"每个人"的方式证明"每个人"有理,这是康德心中的秘密玩笑。他撰文反对学者,袒护民众的偏见。但他的文章只写给学者看,却不写给民众看。

194. "坦诚"的人

那个人的行为动机总是心照不宣的,可以告人的动机则停在嘴上和伸开的手心里。

195. 聊博一哂

看啊!看啊!他脱离人群跑开啦!这些人于是就跟在他的后面跑,原因只是他跑在众人的前头罢了。群居的人们就喜欢这样啊!

196. 听觉的局限

人们只愿听那些自己可以找到答案的问题。

197. 当　心

我们最愿意告诉别人的只有一样,即隐蔽的封条以及封条下面的藏匿物。

198. 骄傲者的厌烦

骄傲者甚至对带领他前进的人也感到厌烦。他坐在车上,悻悻然瞪着拉车的马。

199. 慷慨大方

富翁的慷慨大方往往只是一种扭捏作态。

200. 笑

笑意味着幸灾乐祸,不过伴随着良心。

201. 鼓 掌

在鼓掌喝彩时,总伴有一种噪声,即使我们给自己鼓掌也在所难免。

202. 挥霍者

他还不至于像那位一再清点自己全部财产的富翁那么鄙琐。他具有非理性的挥霍禀性,故而浪费自己的才思。

203. 愚者的急智

在通常情况下,他是没有思想的;可遇到特殊情况,却能想出许多坏点子。

204. 乞丐与礼貌

"没有门铃就用石头敲门,这并非不礼貌。"乞丐和形形色色的落难者无不这样认为,但却无人赞同他们。

205. 需 要

人们视需要为事物发生之"因",其实,它往往是事物发生之"果"。

206. 雨 中

下雨了,我念及穷人们这时挤在一处,各自怀着许多忧愁,对忧愁也毫不掩饰,于是,每个人都一门心思给他人制造痛苦,这样,自己在天气不好时才感快慰,可悲的快慰。穷人的劣根性就在于此!

207. 嫉妒者

此人生性嫉妒,别指望他会生育孩子;他

嫉妒孩子，就因为他不再是孩子。

208. 伟 人

某人是"伟人"，但人们不可据此推断，他是个男子汉。他也许是个男娃娃，或者是时代的变色龙，抑或中了邪的小妞。

209. 询问动机的习惯

存在着一种询问我们动机的习惯，它不仅使我们忘记自己的最佳动机，而且使我们滋生对动机的违抗和反感。此乃愚不可及的询问习惯，但也恰是专制者的诀窍和诡计所在。

210. 勤奋的标准

不必超过父亲的勤奋,这信条使人致病。

211. 隐蔽之敌

给自己保留一个隐蔽之敌——这是一种奢望。纵然是具有高尚情操的英才,其美德也往往不能满足这奢望。

212. 不要受骗

他的气质失之粗野,总是匆匆忙忙,缺乏耐心,说话结结巴巴。因此,人们很难知道,他到底安的什么心。

213. 通往幸福的途径

智者问智力障碍的人,通往幸福的途径是什么?他毫不迟疑,就像别人向他打听去附近哪个都市之路似的,答曰:"自我欣赏,再就是东游西荡。"智者嚷道:"住嘴,你要求太多啦,自我欣赏就够啦!"智力障碍的人回答说:"没有一贯的蔑视,又怎能不断地欣赏呢?"

214. 信仰使人快乐

道德只赐予那些笃信本人道德的人以幸福和快乐,却不赐予高人雅士。高人雅士的道德存在于对自己和对一切道德的深刻怀疑之中。说到底,还是"信仰使人快乐"!注意!并非道德使人快乐!

215. 理想与物料

你有高尚的理想,你是否也就成了一块高贵的石料,必须用你来雕琢高贵的神像呢?倘若没有这神像,那么你的一切工作是否全部成了野蛮的雕刻呢?是否就是对你理想的亵渎呢?

216. 声音的危害

嗓门太大,简直不能思考精细的事物。

217. 因 果

在"果"出现之前和出现之后,人们认定的"因"是不相同的。

218. 我的反感

我不喜欢那些为了制造影响而像炸弹引爆一样的人。与他们共处会人人自危,害怕突然失聪或更甚于此者。

219. 惩罚的目的

惩罚的目的是使主持惩罚的人变好。对于惩罚的辩护士来说,这就是最重要的借口。

220. 牺 牲

牺牲者对于牺牲和奉献的看法与旁观者是不同的,但是人们从未允许他们表达自己的看法。

221. 宽 容

父子之间的宽容远远胜过母女之间的。

222. 诗人与说谎者

诗人视说谎者为同母哺育的兄弟,诗人把兄弟的那份奶吃掉了,所以这兄弟一直很虚弱,而且一直没有良心。

223. 感官的替代

"我们也用眼睛听别人说话,"那位听别人忏悔的神父如是说,他年迈、耳聋,"可是盲人,谁的耳朵长谁为王。"

224. 动物的评论

我担心动物把人当成它们的同类,当成危害无穷、失去了动物正常理智的同类,当成会笑、会哭、荒唐和不幸的动物。

225. 随着本性的人

"邪恶的东西一向有着强大的影响力,而人的本性便是邪恶的!那就让我们随着本性吧!"人类中影响力颇大的那一群人在私下里作如此的推断,可人们还常常把他们置于伟人之列呢。

226. 怀疑者及其风格

我们可以简明扼要地说明强大无比的东西,

但前提条件是聚集于我们周围的人要相信我们的强大。这样的环境教育人们要具备"简明的风格"。怀疑者无论说话还是做事都突出重点。

227. 错误的判断,错误的一掷

他不能控制自己了,那妇人据此判断:此时要控制他真易如反掌,于是朝他扔出一根绳索,意欲将其绑缚。——可怜的妇人啊,即刻沦为他的奴隶了!

228. 调解人

在两位坚定的思想家中间斡旋,被称之为"和稀泥"。斡旋者不具备观察独特事物的眼力,看任何事物都觉得相似,且同等对待。这是弱视的特征。

229. 违抗与忠诚

出于违抗心理,他坚持某一被他看穿的事物——他把这称为"忠诚"。

230. 缺少沉默

他的整个气质不能服众,这是因为他对自己的善举从不保持缄默。

231. "彻底的人"

求知缓慢的人认为,缓慢也是知识的一部分。

232. 梦

人要么永不做梦,要么梦得有趣;人也必须学会清醒:要么永不清醒,要么清醒得有趣。

233. 最危险的观点

我现在做的或叫他人做的事,对未来至关重要,届时将作为过去发生的最伟大事件。若以这样巨大的效应观点看问题,则一切行为都是一样的伟大和一样的渺小了。

234. 音乐家的自慰语

"你的生命并未在人们的耳朵里鸣响,你为他们默然地生活着,他们全不领会你的美妙旋律，以及你那跟从或带头的决心。你真的不是在宽阔的大街上随着军队的音乐而来，所以，那些善良的人们无权说你的人生转变缺少音乐，谁有耳朵，谁就会听到的。"

235. 思想与个性

有些人达到了个性的顶峰，但思想却与这一高度不相称。有些人则刚好相反。

236. 为了感动群众

想感动群众的人是否必须成为饰演本人的演员呢？是否必须先把自己置身在这荒诞而清晰的饰演之中，并把自己的整个人格和事业放在这粗糙和简单化中加以表演呢？

237. 彬彬有礼的人

"他彬彬有礼!"——是的,他身边随时带着糕点喂塞伯鲁斯①。他胆怯地把每个人,包括你我全看成是塞伯鲁斯,此即为他的所谓"礼貌"!

238. 没有嫉妒

他完全没有妒意,这也难怪,因为他决意占领一块迄今无人占领,甚至无人见过的土地。

239. 郁郁寡欢的人

一人不快,举家失欢,阴云密布。只有靠

---

① 塞伯鲁斯,在希腊神话中,是冥府的看门狗。

奇迹才能使这类"不快"之人绝迹。

但快乐早已失去"传染"性了,这是什么原因呢?

240. 海 滨

我不想为自己造房子(不当房主也是我的福气),假使一定得造,那我就要学罗马人,把房子延伸到海里。——我非常乐意同那个美丽的怪物共享秘密。

241. 作品和艺术家

这位艺术家除了功名心别无所有。最终,他的作品只是供给每个人观看的放大镜罢了。

242. 严守本分

不管我对知识如何贪求,但我从事物中获取的仅仅是属于我的知识,别人应该占有的知识仍留在事物里。

一个人怎么能当小偷或强盗呢?

243. 好坏的起源

只有知道"这个不好"的人才能创造改进的办法。

244. 思想与说话

人们并非全靠说话表达思想。

245. 选择即是赞美

艺术家选择素材,这就是他的赞美方式。

246. 数 学

我们要尽可能把数学的缜密和严格推广到其他科学中去,倒不是相信这样做可以使我们认识事物,而是为了确定人与事物的关系。

数学仅是一种识辨人的工具罢了。

247. 习 惯

习惯使我们双手机巧,使头脑笨拙。

248. 书　籍

我们不能超越一切书籍，这难道应怪罪书籍吗？

249. 求知者的喟叹

"噢，我真贪婪！在这个灵魂里安住的不是忘我精神，而是贪求一切的自我，似乎要用许多人帮他观察和攫取的自我，要挽回一切的自我，不愿失去属于他的一切的自我！

"噢，我贪婪的烈焰哟！噢，我多么愿意获得再生，变成一百个人呀！"

谁不能以自身体验理解这位喟叹者，谁就无法理解求知者的激情。

250. 罪　过

虽然思想敏锐的女巫法官甚至女巫本人相信巫术有罪，但这罪实际上是不存在的。一切罪过都不存在。

251. 被误解的受苦者

伟人所受的痛苦与他的崇拜者所想象的不同，伟人的痛苦莫过于在某些凶恶时刻出现鄙琐、小气的情绪波动，简言之，产生痛苦是因为伟人对自己的伟大产生怀疑，并非因职责的需要而作出的牺牲和殉难。

普罗米修斯同情世人并为他们而牺牲，这样，他就是快乐的，自感伟大的；然而，当他嫉妒宙斯，又不得不忠诚地将凡人带给宙斯之时，他是痛苦的。

252. 宁可负债

"宁可负债,也不要付给一枚没有铸印我们头像的硬币!"——我们的主权要求这样做。

253. 处处为家

一天,我们终于抵达目的地,自豪地说,我们经历的旅程是多么漫长啊。但实际上,当初我们并未察觉自己在远游,之所以能够浪迹天涯,实益于我们每到一地都有"宾至如归"的感觉。

254. 对付困境

专心致志者可摆脱一切困境。

255. 模仿者

A:"什么?你不希望有模仿你的人?"

B:"我不希望别人模仿我,我只希望每个人给自己示范一下我所做的。"

A:"哦——?"

256. 表 皮

深沉之人的欢乐在于,偶尔像飞鱼一般弄潮于波峰浪尖;他们推崇事物的最佳处:凡事均有表面,或称之为表皮。

257. 亲身经历

某人并不知道自己有多富,直到有一天,他

亲眼看见许多富翁沦为窃贼,在偷他的东西了。

258. 机遇的否定者

没有一个胜利者相信偶然的机遇。

259. 远离天堂

"善与恶皆为上帝的成见。"蛇如是说。

260. 一加一

一个人总是错,所以真理始于两人;一个人无法证明自己,所以两个人就无人可以驳倒。

261. 独创性

何谓独创?观察到某种尚未命名,尽管有目共睹却无从称谓的东西即谓独创。唯有名号才使人看得见事物,这已成习惯。

所以,独创者非命名者莫属了。

262. 永恒之见

A:"你离开活人的步伐越来越快了,活人马上就要把你的名字从名单上勾销了!"

B:"这是参与享受死人特权的唯一办法。"

A:"什么特权呢?"

B:"就是无须再死的特权呀。"

263. 没有虚荣

我们恋爱时,都想掩饰自己的缺点,这并非出于虚荣,而是不想给被爱者带来痛苦。是啊,爱者想以上帝的面目出现,这也并非出于虚荣。

264. 我们的行为

凡我们所为之事,从未被人理解;一直是这样:要么被赞美,要么被指责。

265. 最终的怀疑

究竟什么是人的真理?——不可驳倒的谬误便是。

266. 需要残酷

伟人对自己那次等的美德和思虑是残酷无情的。

267. 因为目标远大

志向高远之士不仅超越他的业绩和评价者,甚至超越公正。

268. 是什么造就英雄

是什么造就英雄?——倘若能够同时面对至深的痛苦和最大的希望。

269. 你相信什么

我相信:一切事物的价值必将重新得到评估。

270. 你的良心在说什么

——"你要成为你自己。"

271. 你的最大危险何在

——在于同情。

272. 你喜欢别人什么

——别人怀有我的希望。

273. 你说谁差劲

——那个老是自感羞愧的人。

274. 你觉得什么最具人性

——使某人解除羞愧心。

275. 什么是获得自由的标志

——不再自我羞愧。

圣·哲纳斯[①]

你用烈焰之矛,

---

① 哲纳斯,罗马神话中的肇始神,公历中"元月"一词即源于此。

戳穿我心灵之冰,
我的心灵在怒吼,
向着它的最大希望——大海急奔,
恒久的光明啊,恒久的健康啊,
自由地生活在
可爱的闲暇中。
至美的哲纳斯呀,
你的神奇,令我衷心赞颂!

1882年1月于热那亚

276. 新年感言

我依旧活着,我依旧思考;我必须活下去,因为我必须继续思考。"我思,故我在。"①

今天,人人都可以表达自己的愿望和诚挚的思想,我也想说说对自己的期望,说说今年

---

① 此为法国哲学家笛卡尔(1596—1650)的至理名言。

第一个掠过心头的想法,这想法应该成为我继续生活的基础、保证和营养。我要更加努力向学,把事物的必然性视为至美,如此,我必将成为美化事物的人群中的一员。恋爱之神哟,从现在起,你就是我的所爱了!

我无意对丑开战,无意指控,无意指控控诉者;什么也不看,这将是我唯一的否定!一言以蔽之:我只希望在某个时候变成只说"是"的人!

277. 个人的上帝

生活中存在着某个高潮,倘若达到这个高潮,我们就连同自己的一切自由再次陷于思想不自由的危机,并且不得不进行艰难的尝试。

只有这时,个人的上帝才以深入人心的力量突现于我们面前。这理念的最佳支持者乃是目睹后留下的个人印象。于是,我们遇到的万事万物无不是为求至善至美而存在了,每时每刻的生活似乎只想不断地证明这句话了。天气的好与坏、失去朋友、疾病、诽谤、信札未至、脚扭伤、逛商店、相反的论据、读书、做梦、欺诈等,在眼前或过后不久即证明它们全是"不可或缺"的事物,对于我们全都具有深刻的意义和功利!

我们不再信仰伊壁鸠鲁的诸神——那些无忧无虑的不知名的诸神——代之以信仰某个满腹心事的,甚至对我们的每根细发也了然于胸的、对仁慈济世从不感到厌烦的小神明,这样做会存在更危险的迷惑吗?

我以为,我们别管那些神明和那些殷勤的天才人物,我们要以自己的看法为满足,这看法就是:我们自己的理论和实践在解释和处置事件时已达迄今最高的高度。但我们切勿过高估计自己的智慧和灵巧,即使当我们在演奏乐器时所产生的神化和谐令我们惊喜不已,妙不可言，以至于不敢相信它是属于自己的。事实上，有一位先生时常伴我们一起演奏，这就是可爱的偶然机遇，它即兴地引导我们的手。最聪慧的上帝也想象不出什么音乐比我们笨拙之手演奏的音乐更美妙。

278. 死的概念

生活在纷扰的小巷，生活在种种需求、种种杂乱的声音里，使我感到一种悒郁的快乐。每时每刻涌现多少享受、焦躁和贪欲啊！又涌现多少对生的渴念和陶醉啊！

然而，不久将至的寂静在等待这些喧闹的、渴求生命的人们，人人背后站着他的阴影，那阴郁的同路人！这情形总像远航之船在起航前的最后时刻：人们比平时有更多的话要彼此倾诉，无奈时间紧迫，那个大海及其荒凉的沉默在喧闹的背后等得心焦了——它对猎物竟是如此贪婪,又是如此的十拿九稳。而众人呢,众人认为,迄今的一切皆是虚无,或微不足道,立即将至的未来才是一切,故而才有这般匆遽、呼喊、自我麻木和自我诓骗!人人意欲捷足先登,想成为即将降临之未来的第一人。死和死的寂静是属于这未来的唯一之物,确定无疑的、大家共有之物!但是,这唯一的确定性和共同性对人几乎不起任何作用,人们居然远离那种感觉,即感觉不到他们是死神的弟兄,这是多么奇怪呀!

看到人们坦然赴死,根本无所顾虑,真叫我乐不可支!我愿意有所作为,以便使他们懂得对于生的思索有着百倍的价值。

279. 友朋星散

我们曾是朋友,但时下形同陌路。事实确也如此,用不着隐瞒和佯装,好像羞于言及似的。

我们是两艘船,有各自的目的地和航线。我们可能在航行中交会,同庆节日,而且已经这样做了。此后,两艘勇敢的船只静泊于同一个海港和同一个太阳下,看似二者皆达目的。

然而,我们各自的使命有着强大无比的力量,它旋即把我们驱散至不同的海域和航线,或许,我们再也无缘相会了;或许,纵然相会也彼此不复相认,因为不同的海域和阳光已把我们改变了!

我们彼此必然成为陌生人,这是控驭我们的铁则!唯其如此,我们彼此应该更加尊重才是!对往昔友谊的忆念应该更加神圣才是!肯定会存在茫无际涯的曲线和星星运行的轨道,我们各自的航线和目标仅是为其中一个短距离罢了。让我们把自己升华至这一理念吧!

人生苦短,我们的视力无奈过于微弱,以至于不可能超越崇高的朋友关系。如此,让我们还是信奉似天上星星一般的友谊吧,即使我们彼此不得不成为地球人的敌人。

280. 求知者的建筑学

时下急需一种观点,这观点恰恰是各通都大邑所缺乏的:建筑物及其设施作为整体要表现出自我沉思的庄严与崇高,它是静默、宽敞、庞大、沉思的场所,附设的高大长廊,适宜于任何天气,无车马之喧,无喊声盈耳,即使是神父大声祈祷也不允许,也不能为这建筑的高雅神韵所容。

教会垄断沉思的时代一去不复返了,对生命的静观默察首先必须是对宗教的静观默察,这样的时代一去不复返了,然而,宗教建筑物的确是表达了这一观念的。我不明白,我们为何对宗教建筑物居然十分满意,纵然它们已经去掉了宗教的用意;这类建筑在说着冷漠而拘束的语言,它们是上帝之家,是超自然的豪华交际场所,我们无神论者若置身其中,则不能产生自己的才思。

我们要化为植物和砖石,当我们信步在这类大厅和花园中时,犹如徜徉于我们的内心城府。

281. 善于找到结尾

但凡一流大师都有一个特点:事不分巨细都能找到完满的结局,不管是一首曲子还是一个思想的结尾,也不管是一部悲剧的第五幕还是一件国家大事。

二流大师面临结局则方寸大乱,不像波多

飞诺市近郊的山岭似的以一种安详而自豪的平静伸入海中,热那亚海湾正是在波多飞诺市近郊唱完自己的曲调。

282. 步 态

存在着各种思想方式,它们泄露天才人物来自下层或半下层民众的身世。他们的步态也"泄露马脚",往往不良于行。比如拿破仑,使他至为气恼的是不能在一些诸如加冕大典的场合"正正堂堂"地行走,摆出君临天下的架子。人们对此也很理解,拿破仑不过是军队的统领罢了,而且当统领傲则傲矣,但又总是慌慌张张的。他本人大概也晓得这些。

看到那些作家穿上长袍,既时兴又皱皱巴巴,还发出窸窣的响声,人们便忍俊不禁:原来,他们这样着装才不致露"马脚"啊。

283. 准备着的人们

一个更富于阳刚之气的、战斗的、再度首先把勇敢视为荣誉的时代开始了。对于显示这个时代特点的一切迹象,我是由衷欢迎的。

这个时代必须为一个更高级的时代开辟道路和聚集必要的力量,急需大批做好准备的、勇于任事的人才,要把英雄气概带进更高级时代的知识领域,要为获得观念和实现观念而奋斗。然而,这样的人才既不能从虚无中产生,也不能从现代文明的泥沙中,抑或从大都市的教育中产生。他们将是沉默、孤独、果决、不求闻达、坚持到底的人;他们挚爱各种事物,寻求他们可以征服的一切;具有爽朗、忍耐、简朴、蔑视虚荣的个性;显示敢于胜利的大勇,但对失败者的虚荣又能宽容,能对一切胜利者以及对每次胜利和荣耀的偶然因素作出独立而精辟的分析；他们也有自己的节假日、工作日和哀悼时间；他们惯常胸有成竹地发号施令，如需要，也随时准备应命；对个人和对集体同样感到自豪，视别人之事为己之事，总之，是更富创造性、对现实更具危险性、欢乐幸福的人！

那就请相信我的话吧：获取生活中最丰硕果实和最大享受的秘密在于，冒险犯难地生活！

将你们的都市建立在维苏威火山旁吧！把你们的船开进未经探险过的海域吧！生活在战斗中吧，同你们自己、同与你们匹敌的人开战吧！你们这些求知者呀，倘若还不能成为统治者和占有者的话，那就成为强盗和征服者吧！

这个时代即将过去！你们像一头胆怯的小鹿在森林中东躲西藏，你们生活于斯的这个时代即将过去！知识终于伸手要掠取属于它的一切了，它要统治，要占领，请你们永随知识吧！

284. 自 信

自信的人并不多,在少数自信者中,有些人的自信实际上是盲目的——有益的盲目——或者思想不清晰。(倘若他们看穿自己的底细,不知会有何感想!)

另一些人无论做什么,好事也罢,大事也罢,首先务必同潜藏于内心的怀疑者争论一番,直到说服这个怀疑者,他们才获得自信。不过这样做是需要几分天才的。这是一些不自满的人,很了不起。

285. 更高,更向上

"你将不再祈祷,不再崇拜,不再耽于无限的信任。你拒绝在最高智慧、至善的前面却步，拒不放弃你的思想。你离群索居，无比落寞，没有永久的看护人和朋友，生活中连眺望远山的机会亦不可得——山头白雪皑皑，内部有沸腾的岩浆。对你，既不存在报复者，也不存在要最后修正你的人；发生的一切不再有理性，将要发生的一切对你也不再有爱；不再有你那疲惫之心的憩园，你反对任何终极的和平，你渴望战争与和平那永恒的循环。断念的人啊，你是否要舍弃一切呢？谁会赋予你力量去做这件事呢？从未有人具备这力量啊！"

有一个湖泊，它会在某日拒绝排水，在现在的排水处筑起一道堤坝，水面于是越涨越高；同样，类似湖泊的拒绝也将赐予我们力量，人自此越升越高，再也不向上帝流泻了。

286. 插　话

这儿有许多希望。倘若你们未曾体验内心的光焰、炽热和朝霞，你们又能从这些希望中看见和听见什么呢？

我只能这样提醒你们，别无他法！

你们是否想要我感化石头，把动物变成人呢？噢，假定你们是石头和动物的话，那么，还是首先去寻觅你们的奥菲斯吧！

287. 喜欢盲目

浪游人对自己的影子说："我的思想应该告诉我现在站在何处；无论我浪迹何方，思想也不应背弃我；我喜欢未来的不确定性，而不愿因为焦急和对未来预先付出代价而毁灭。"

288. 高昂的情绪

我以为大多数人不大相信高昂的情绪,因为那仅是瞬间之事,至多不超过一刻钟。少数人由体验而知高昂情绪可以持续较长时间只是例外的情形。

具有高尚情操的人,亦即代表轩昂情绪的人,至今还只是一个梦,只是一种迷人的可能性罢了,历史尚未给我们提供任何确切的实例。尽管如此,倘若一系列有利的先决条件被创造和被固定下来,历史也可能会"娩出"这类人。可惜这些条件目前无法凑齐,哪怕最乐观的偶然机会也无法将它们凑齐。

也许,使我们心灵为之悚惧的下列特殊情感对未来人却属正常:在高昂和低落的情绪中动荡;忽上忽下的感受;一种类似不停登梯和在云端安歇的情愫。

289. 上 船

个人特有的生活及思想哲理——犹如和煦、赐福、孕育着果实、眷顾个人的太阳——是怎样影响着每个人呢?是如何使每个人超然于赞美与责备,使其自我满足地、慷慨大方地布施幸福和善举呢?是怎样不断地化恶为善、使一切力量蓬勃发展并趋成熟、不让哀怨和烦恼的杂草丛生呢?当人们思考这些问题时,便会迫切地呼喊:噢,还得创造出许许多多这样的太阳才行呀!

即使邪恶、不幸、特殊的人也应有自己的哲学、权利和阳光!"对他们无须同情!"——我们必须忘却这傲慢的想法,尽管人们长期以来学习和培养了这种观念。但是,我们也不必为他们设置神父,以便听他们忏悔,不必为他们设置驱邪者和恕罪者!而是需要新的正义、口号和哲学家!道德的地球是圆的!它也有对立体！而对立体也有生存的权利！

另一个世界尚待发现，而且不止一个！上船吧，哲学家们！

290. 不可或缺的事

赋予个性一种"风格"，实在是伟大而稀有的艺术！

一个人综观自己天性中所有的长处及弱点，并作艺术性的规划，直至一切都显得很艺术和理性，甚至连弱点也引人入胜——一个人就是这样演练并运用这艺术的。这儿加了许多第二天性，那儿又少了某种第一天性，无论哪种情形都须长期演练，每天都要付出辛劳；这儿藏匿着那不愿减少的丑陋，这丑陋在那儿又被诠释为崇高。不愿变为有形的诸多暧昧被储备下来作远眺之用——它们应对远不可测的东西进行暗示。最后，当这工作完成时，无论是大人物还是小人物所表现出来的都是对本人兴趣的强制，这兴趣是好是坏，不是人们想象的那么重要，只要是一种兴趣，这就够了！

那些有自己的准则、在强制和束缚中犹能享受快乐闲适的人，必将成为统治欲极盛的强人。他们看到自己具备某种风格的天性，即被战胜的、服务于人的天性，他们那强有力的意志便感到宽慰。这样的人即使修建宫殿和花园也断不会解放天性的。

反之，那些憎恨风格束缚的人就是不能自制的人。他们觉得，倘若自己被套上讨厌的强制枷锁，自己就变得鄙俗不堪。一旦听任强制的役使，自己即已沦为奴隶，所以他们仇视这役使。这类奇才——可能是第一流的——总是旨在把自己和周围的人塑造和解释为自由天性，即粗野、专横、富于想象、混乱无序、令人惊异的天性。他们乐此不疲地追求这一宗旨，唯其如此才感到惬意。

只有一件事是不可或缺的：人必须对自己满意，否则就会落得报复自己的下场，我们外人也会沦为他的牺牲品，总得忍受他那可憎的面目。可憎的面目使气氛变得忧郁、恶劣。

291. 热那亚

我参观过热那亚及其市郊别墅、供王公贵族游乐散步的大花园、有民众居住的宽阔高地和山坡。我必须说：我看到一代代先人的面貌了。

这个地方布满勇敢而自负的人们的影像，他们曾在此生息繁衍，并且将绵延千古，这是那些历经几个世纪的宅第、建筑物和装饰物告诉我的。当初，他们纵然有时恶意相向，但对生活却充满善意。我不厌其烦地审视，看那些营造者是怎样把目光投向周围远近的建筑物，投向城市、大海、山冈,那目光充满着一种力量,即誓把这一切纳入自己的规划并最后变为自己财富的力量;充满着征服欲,充满着整个地区盛行的一种乐趣,即永不满足的辉煌占有与索取的乐趣。这些先贤认定远方辽阔无垠,怀着求新的渴念,在旧世界旁建立一个新世界。

反观我的故乡,现在依旧是人人相互仇怨,每人都用某种方式在邻里中表现自己的优越感,都企盼用自己的建筑构想或借炫耀自己那赏心悦目的宅第来倾倒故里。在欧洲北方,当你参观各都会时,就会留下一个至深的印象:普遍对准则、对服从的兴趣。你会发现营造者那个顺从和适应社会的、趋同的内心世界。

而在热那亚,你拐过每个街头巷尾,准会发现那些熟悉海洋、冒险和东方的人,他们对邻人、对准则淡漠,如同厌恶枯寂乏味之事,用带有妒意的目光衡量一切业已被阐述的事物,有着神奇而狡黠的想象力,至少要把一切重新在脑子里过一遍,用手去感觉,用心去揣摩,哪怕只用一个阳光灿烂的下午也好,他们那永不满足的、郁悒的心灵终于在这个下午得到一次满足,他们的眼睛在这个下午只看本人,决不旁骛。

292. 致道学家

我不想搞道德说教,但我要忠告道学家:假若你们硬要把美好事物的荣誉和价值剥夺尽净,那就请你们一如既往,尽管啰唆下去吧!请把美好事物置于你们道德的顶尖部位吧!请从早到晚诉说道德的幸福、心灵的宁静、正直、公平和固有的报答吧。你们不厌其烦地说教,以致美好事物终于得到普及,变成街谈巷议了。然而,这些东西的金玉外表日后就逐渐褪色,更有甚者,连里面的黄金也变成铅块了。说实在的,你们擅长的不过是炼金术的还原工艺,擅长如何使价值连城之物贬值罢了。

不妨试一试另一种方案吧,以便不重蹈你们那事与愿违的覆辙:否定那些美好事物吧!不要再给它们喝彩并使其轻易流传吧!把它们再变成孤寂者隐藏的羞愧吧!宣布"道德即是被禁的东西"吧!这样,你们就获得英雄人物的本色了。当然,这样做会有些可怕,但绝不会像现在那样令人讨厌!

在道德领域,但愿人们现在不要像迈斯特·艾卡德[①]那样说:"我祈求上帝,把我变成一个对上帝无罪过的人吧。"

293. 我们的空气

我们很清楚:以妇人和许多艺术家那种悠

---

① 迈斯特·艾卡德,德国近代神秘主义者。

闲的方式散步的人一旦审视科学,就会被科学的严谨、对大小事物的铁面无情、思索评估判断的快捷弄得头晕目眩,惊恐不安。尤其令他们吃惊的是,科学要求艰苦卓绝和尽善尽美,即使达到这境界也得不到任何赞美和奖赏,相反就像在士兵中,得到的只是大声地呵斥和严格的指令,因为做得好是应该的、正常的,失误则是不应该的。和别处一样,凡属正常、无误就不值得称道、赞赏。

"科学的严谨"如同上层社会的礼仪一样,足使不明内幕的人诚惶诚恐;可是,对它习以为常的人却只愿与它厮守,只愿生活在这透彻、有力、高度充电、富于阳刚之气的空气里;而任何别的地方,在他看来均不够纯洁,他在这些地方就感到呼吸不畅,就会疑心自己的最佳技术对旁人了无益处,对己亦无欢乐可言。又因为种种误解,他的一半生命会从手指缝里溜走,还必须时时处处小心翼翼,躲躲藏藏,形只影单,总之,纯属徒耗精力!

可是,一旦他具备科学的严谨和清晰,他就拥有自己的全部力量了,他在科学中可以翩然翱翔!既如此,他缘何要再次堕入那混浊的水域呢?——在那里,他不得不涉水而玷污其翅翼。不!对我们而言,生活在那般污秽的地方委实过于艰难,我们是为这纯净的空气而生的,我们是光的竞争对手,我们愿像苍空的尘粒,不是背离,而是迎向太阳!

但我们现在力量有限,还是倾力做我们唯一能做的事:给地球带来光明,变成"大地之光"!为此,我们具备翅翼、快捷和严谨,也有男子汉大丈夫气概,以至于像可怖的烈火。让那些不知借助我们去温暖、照亮自己的人惧怕我们吧!

294. 反对诬蔑本性

这些人真使我感到不快,他们认为本性是病态,是倒错、卑劣的东西。就是他们误导了我们,致使我们也以为人的本能和癖性是邪恶的,对自己的和对别人的本性极端不公正,就因为受了他们的迷惑!

本来,无忧无虑、舒适可人地听随本性是大有人在的,但人们并不这样做,其原因就是害怕那个"想当然"的"邪恶本性"!故而在人群之中,鲜能看到那种无所畏惧、不认为自己有什么可耻而四方八面恣意翱翔的高尚气质。

我们,天生的自由之鸟呀,不管飞向何方,自由和阳光都与我们同在!

295. 短暂的习惯

我喜欢短期的习惯,把它看作一种无价法宝,即认识许多事物直至它们酸甜苦辣之底蕴的无价法宝。我的本性完全是为短期习惯而安排的,包括身体健康的需要以及我能看见的大小事物。我总认为,这样的安排让我永远满意。短期的习惯也相信热情,即相信永恒。我发现和懂得了这个道理,真值得别人羡慕呢。短期的习惯在白天和晚上向我靠拢,散播着深深的满足感,以至于我不再有别的企求,也无须比较、轻蔑和憎恶什么了。

但是,既是短期习惯,就常有终止的时候,美好的事物届时与我分手,但它不同于使我反感的东西,道别时显得异常平静,对我很满意;我也对它满意,仿佛我们必须互相致谢、握手道别似的。又有别的习惯已在门口等候了,我的信念——很难摧毁的愚蠢与智慧!——也在那儿等候,我相信,新的习惯是正确的,非常正确的。在我,食物、思想、人、城市、诗歌、音乐、学说、日常安排、生活方式等,莫不是短期的习惯。

相反,我憎恶长期的习惯,它在我身边就像暴君,使我的生活空气凝固。有些事物的形态表明,似乎必然会由此产生长期的习惯,比如单一的工作职务、总与同一个人共处、一个固定的住所、始终如一的健康状况等。是呀,我对自己的所有痛苦和疾病——一直是我的缺憾——是感激不尽的,因为它们留给我几十个后门,使我得以逃脱长期的习惯。

但话又得说回来,我最不能忍耐之事,也是最可怕之事,就是完全没有习惯的生活,完全随机应变的生活,那样无异于放逐我,是我的西伯利亚。

296. 固定的名声

固定的名声从前是十分有用的东西。在群体本能意识统治的地方,至今对个人最有用的东西莫过于承认他的个性和事业一成不变,即使事实并非如此。"可以相信他,他一直是这个样子啊。"当社会陷于险境时,这是最重要的赞美了,社会满意地感到这个人是道德领域随时可以利用的可靠工具,那个人是在功名心方面、第三个人是在思想与热情方面随时可以利用的可靠工具,社会尊崇"工具本性",尊崇对自己的忠诚,尊崇观点和努力的执着,甚至对不道德的东西,只要它们一成不变,也是敬重有加。

如是的评价与道德习俗合流,到处泛滥,教导着人的"个性",而把一切变化的、需重新研究的、自我求变的东西弄得臭名远播。尽管这思想方式还占着很大优势,但对于知识而言却是为害最深的评估方式,因为认识者那良好的意志,亦即勇气百倍地随时反对自己的成见、完全不相信自己身上固定的东西的意志被它判了恶名。于是,认知者那些与"固定名声"相抵触的思想就名誉扫地了,而"石化"的观点反声誉卓著。

我们当今依旧生活在这种势力的强制下!当我们感到数千年的评估依然在禁锢着自己、左右着自己时,那真是度日维艰啊!数千年来,知识一直被恶劣的心绪所困扰,在伟人奇才的历史上,必然有过诸多的自卑和隐痛——这个说法大概离事实不远吧。

297. 允许反驳

众所周知,允许反驳是文明的高尚标志。有些人甚至知道,高等一点的人希望并鼓励别人反驳自己,以便得到指教,认识至今尚未认识的错误。

然而,允许反驳的雅量倘若对反习俗、反传说和反神圣的敌意也处之泰然,那才是我们文明的伟大、新颖和令人惊叹之处,才是思想解放的最大步伐。这,又有谁知道呢?

298. 喟叹者

途中,我蓦然捕捉到一个观点,并赶紧用简单贫乏的言语将它固定下来,怕它飞走。可是,这观点死了,因枯燥的言语而死,低垂、悬挂在这些言语中。当我审视它时,简直不明白:我逮住它时,这鸟儿为何那般快乐呢?

299. 向艺术家学什么

我们有什么办法可以把本来不美、不吸引人、不值得贪求之物变美、变得吸引人、变得令人贪求呢?

在这方面,我们可以向医生学习,比如,医生把苦的东西稀释,把酒和糖放进混合杯里;不过还可以向艺术家学得更多,因为他们本来就不断致力于这类艺术的创作。

与事物拉开距离,直至看不见它们;或者为了看清事物而补看;或者变换角度观察,从横截面观察;或者把事物放在某个地方使其产生部分变形和伪装;或者作透视法观察;或者用有色玻璃观察,在夕阳余晖里观察;或者赋予事物一层不完全透明的表层。凡此种种,我们都应向艺术家学习;岂止学习,我们应比他们更聪明才是,因为他们美好的力量一般是随着艺术的终止而终止,我们呢,我们要成为生活的创造者，尤其要创造最细微、最日常的生活。

300. 科学的前导

倘若不是魔术师、炼金术士、占星家和巫师先行于科学，不是他们怀着一腔热望最先对种种隐秘的、被禁止的力量产生探索的渴求和兴趣，那么，你们相信科学会产生和壮大吗？你们相信在知识王国里要成就某事，希望总是多于成就吗？

给我们展示的这类科学前奏和预演，当初根本没有被人认识到，在古代，也许连宗教也没有被当成预演，而只是人们享受某个神明的自我满足感和自我解救的工具罢了。人们会问，在没有接受宗教教育甚至在连宗教前身也没有出现时，人们是否已自发产生对神秘力量的渴求并以此为满足呢？普罗米修斯是否必须先承认偷了火种并为此悔罪，然后才发现由于他渴求光明而创造了光明呢？是否不仅人而且上帝也是他手中的陶土和作品呢？一切东西只是雕塑家的雕像吗？幻觉、偷窃、高加索山、秃鹰、求知者的整个悲剧——普罗米修斯悲剧都是这样吗？

301. 沉思者的幻觉

上等人与下等人的区别就在于前者比后者见识要广博得多，而且是一面看和听，一面思考。这也是人与动物、高等动物与低等动物的区别所在了。

对于人格高度发展的人来说，世界变得越来越丰富了，有越来越多的利益钓钩向他抛来，他越来越兴奋，种种好恶本能越来越多。上等人越来越快乐，也越来越发愁了。一种幻觉始终陪伴着他：他一直以为自己是生活这出伟大话剧的观众，是这场了不起的音乐会的听众，称自己的本性是沉思的，而忽视了自己是生活这出戏的创作者、继续创作者，忽视他与这出戏的演员是大有区别的，更不同于戏台前纯粹的观众和参加节庆的客人。诚然，他是创作者，其本性特点是沉思默想，回顾他的作品，但首要的是具有创造力，而这正是那些演员们所缺乏的啊。

我们，思考着、感知着的人，正是要实实在在创造并且不断创造现在还不存在的东西，即创造永无止境的世界，包含种种评估、色彩、重量、观点、阶级、肯定、否定的世界。我们创作的这首诗一直被那些所谓实践的人们（亦即我们所说的演员）背诵、熟记，且溶化在他们的血肉中，被应用于实践和日常生活之中。凡是当今世界上有价值的东西并非按其特性而估定价值（特性总是无价值的），价值是人赠予的，我们就是赠予者呀！是我们创造了这个与人有关的世界呀！

我们缺乏的正是这一认识，有时刚刚抓住这一认识，可转瞬又忘了。我们误解了自己那至善的力量，而且对自己——沉思默想者——低估了一个等级，总不能如自己本可达到的那样自尊，那样快乐。

302. 最幸运者的危险

拥有敏锐的感觉和审美情趣；习惯于遴选最佳的理念，犹如习惯于最佳的食品；享有至强至勇的灵魂；以平静的目光和坚定的步态经历人生；随时准备成就非凡卓绝的事业，就像去参加庆典，满怀诸多渴念，渴念着未被发现的世界、海、人和神；聆听充满欢悦的音乐，似有勇敢的伟男、士兵和航海家在这妙音里小憩、娱乐……可是，在尽情享乐的时刻，幸运者往往会热泪沾襟，忧伤难抑，因为谁也不希望，这一切若是永为他拥有、永为他的现状那该多好呀！

这是荷马的幸福所在了！荷马为希腊人，不，为他自己创造了诸神！然而无可讳言的是，心灵中一旦拥有荷马式的幸福感，人就沦为阳光下痛苦不堪的生灵了！以此为代价，人们购买被生活巨浪冲上海滩的贝壳，珍贵无比的贝壳！一旦拥有这贝壳，人就愈益多愁善感，极易陷于痛苦，以至于些许的忧愁与恶感便使他们厌弃人生，一如荷马所为。一个年轻的渔夫曾给荷马出了一道愚蠢的小谜语，荷马却猜不出！是啊，小谜语就是更幸运者的危险呀！

303. 两位幸福的人

此人虽年轻，却擅长在生活中即兴表演，对此，老于鉴赏的观众也惊愕不已。尽管此人一直在作大胆冒险的表演，但似乎从未失手。人们不禁想到擅长即兴演奏的音乐大师，听众觉得他们的手有如神助，是不会出错的，即使和凡人一样出错，可是他们技巧娴熟，能急中生智，情绪一来，手指一动，就可以把偶然出错的音调敷衍过去，并纳入主题结构中，还赋予这纰漏以新的含意和神韵哩！

这儿还有一位，情形截然相反。凡是他决意做的，计划做的，都基本上遭到了失败。对此，他也难免沮丧，失败也曾将他逼到悬崖边，几近毁灭。如果说他终于摆脱了厄运，所受的损害也绝非微不足道。你们以为他很不幸吧？可他早已打定主意：不必过于看重自己的希望和计划，他对自己说："这个失败了，也许那个就会成功;总体上看,我对失败的感谢应超过对成功的感谢。我是否生来就是固执的人、头上长角的人呢?我的生活价值、生活成果在另外的地方,我的自尊心和痛苦也在另外的地方。我从生活中明白了更多的东西,就因为我常常差点失去生活,也正因为这样,我比你们所有的人从生活中得到的东西都更多!"

304. 在行动中抛弃

"别干这个!你就死心吧!战胜你自己吧!"这一类道德说教真讨厌;使我称意的道德是促使我干某事,从早到晚不要考虑别的,不要有别的梦想,只是重复做这事,要专心致志,尽可能独立完成!

凡是这样生活的人,他就一个接一个地抛弃不属于这生活的东西,今天眼看这个、明天又眼看那个与他告别,犹如轻风拂动树梢时纷纷飘落的黄叶,但他毫无怨尤。要么,他根本无暇顾及这些东西的离去,因为他的眼睛只盯着自己的目标,永远前瞻,不旁骛,不后顾。"我们的行动决定我们抛弃什么,我们在行动中抛弃。"我很喜欢这句话。但我并非刻意追求贫乏,而是不喜欢那些属于否定性质的道德,即否定本性和否定自我的道德。

305. 自 制

道德师爷总是首先嘱咐人们要极力克制自己,由此传给人们一种古怪的疾病,即类似痒的刺激,不断对本能的冲动和兴趣爱好的刺激。不管是从内心还是从外部,引诱和驱动被刺激者的东西实在多得很,以至于被刺激者感到他的自制难以为继、陷于危机了。于是,他怀疑自己的本能欲望,觉得不应听任本性自由翱翔,于是停留在那里,显出防卫姿态,武装起来对付自己,带着敏锐而怀疑的眼神,永远守护他自己修筑的城堡。

是呀,他可能因此而伟大了,可别人瞧他是多么可憎啊!真是自作自受!割断与心灵中最美好东西的联系,多么可怜呀!别人也无须对他继续说教了,因为他学会了原本不属于自己的东西,早已失去自我了!

306. 禁欲主义者与伊壁鸠鲁的门徒

伊壁鸠鲁的门徒善于审时度势,善于挑选人物和事件,务使这些适合于他们那异常敏感的智性;他们舍弃其余,因为那些是他们难于消化的食物。禁欲主义者则习惯于将小石子、小虫子、碎玻璃片和毒蝎囫囵吞下,而丝毫不感恶心,他们胃纳极佳,无论生活把什么杂物倒进他们的胃里均能接受，使人很容易想起阿尔及尔的阿苏亚阿拉伯教派。与这些麻木的阿拉伯人一样，他们也很希望在展示其麻木（这麻木正是伊壁鸠鲁的追随者们不情愿有的）时拥有一批应邀前来的观众，以便向观众展示他们也有自己的"乐园"。

　　禁欲主义对于随遇而安的人、对于生活在暴力统治时代并依附于变化莫定者的人可能是十分合适的，而有些人看透命运之神将允许他们过长期稳定的生活，便觉得依傍伊壁鸠鲁学说大有裨益，如今的脑力劳动者就是这样！在他们看来，失去敏感的刺激，得到禁欲主义那一张布满刺猬之刺的硬皮，无疑是一切损失中的最大损失。

307. 有利于评判

你现在觉得某个东西是个错误,而当初你却对它情有独钟,把它当成真理,或认为它真实可靠。现在,你终于把它推开了,并说你的理智获得了胜利。

然而,当初你还是另一个人的时候(你永远不可能是同一个人),这错误对你也许就像现在的"真理"一样是势所必然,因为它像一层皮,隐藏和掩盖了许多你不可能看见的东西。是你的新生活而不是你的理性扼杀了那种看法,是你不再需要那看法了,所以它坍塌了,非理性像虫一般从里面爬了出来。

我们作评判,绝非随心所欲,也绝非完全客观,它至少常常在证明,我们内心尚存一股生机勃勃的、可以冲破那层表皮的劲力。

我们要否定,必须否定,因为有某种东西要活在我们内心并要肯定它自己,这种东西,我们现在还认识不到,也观察不到!这将有利于评判。

308. 每天的历史

你每天的历史是个什么样子呢?瞧瞧你的习惯吧,每天的历史就是由你的习惯写成的呀。这些习惯到底是无数小怯懦和怠惰的产物呢,还是你的勇敢之产物、你那富于创意的理性之产物呢?这两种情况泾渭分明,但是你可能会得到人们同样的赞美,你也可能给人们带来同样的功利。

不过,赞美、功利和尊敬大抵只能满足那些只求有良心的人,却不能满足你这类考察人的人,这类人知道何谓良心。

309. 走出孤独

一天,流浪者关上门,站在门后哭了,说:"求真、求实、求内在的、求良知的癖性和热情是多么讨厌啊!这个忧郁而热情的驱动者为何老跟着我?我需要休息,可它不答应。许多东西并不能引诱我在此停留!到处有我的乐园,所以,我的心一再被撕裂,一腔无穷的辛酸!我必须继续迈开这疲倦的、伤痕累累的双脚,我必须前行,故而常常转头回望那些无法挽留我的至善至美的事物,不免有些怨恨——因为它们无法挽留我呀!"

310. 意志与浪潮

浪潮来了,多么贪婪,仿佛急于得到什么!它以令人悚惧的匆忙深入岩沟的最深角落,似乎要捷足先登，占得先机，好像那里隐藏着价值连城的宝物。可这时又慢慢退潮了，依然是白花花的一片，显得兴奋。浪潮，它失望了吗？它找到它要找的东西了吗？它佯装失望了吗？

又一浪潮来了，比前一次更贪婪、更凶悍，它的心灵似乎充塞着秘密和掘宝的兴趣。浪潮就是如此生活。我们，有意志的人们也是这样生活，我不想说得更多。

什么？你们不相信我？你们对我发火，你们这些漂亮的怪物？是否怕我全部泄露你们的秘密？那好吧！尽管对我发火吧，尽你们所能，高高掀起你们那碧绿的、凶狠的身躯吧，在我和太阳之间筑起一道高墙吧，就像你现在所为一样！真的，这世间现在除了绿色的朦胧和闪电外别无他物了。你们这些傲慢的家伙，涌流吧，喜悦或凶恶地咆哮吧，或者潜入海底吧，把你们的绿宝石撒向深渊吧，再把你们那无尽的白色浪花和泡沫覆盖其上吧。这一切对我合适,就因为这一切对你们合适。我岂能背叛你们呢?因为——好好听着!——我了解你们,了解你们的秘密,了解你们的族类。你们与我本属一族呀!你们和我——我们共有一个秘密!

311. 折 光

人并非一贯勇敢,当厌倦之时,我们这类人也会发出如许的悲叹:"给人添苦恼,是件十分棘手的事;噢,但又不得不这样做啊!"假若我们想摆脱苦恼而隐居起来,那对我们又有何益呢?还不如生活在熙熙攘攘的人群中,愚昧地同愚者共处,虚荣地同虚荣者共处,狂热地同狂热者共处,这样做是否更可取呢?如此傲慢的偏执是否欠妥呢?当听到别人对我怀有恶意时,我的第一感觉是否就是满意呢?正是这样啊!我似乎在对那些人说:我同你们格格不入，许多真理在我这边。你们尽管把幸福建立在牺牲我的基础上吧！这儿是我的缺点、失误、幻想、厌倦、困惑、泪水、虚荣、矛盾、似猫头鹰一般的藏匿……你们觉得好笑吧？那你们就笑、开心地笑吧！缺点和失误使别人高兴，我对此是毫不介意的。

诚然，曾经出现过"比较美好"的时代，那时，人们每当有个新颖的思想就感到自己不可缺少，就带着新思想跑到大街上对每个人喊道："瞧呀！天国临近了。即使没有我，我也无所谓了。我们大家都是可有可无的。"假如我们勇敢，就断不会产生这种想法，我们真不会这么想啊。

312. 我的狗

我给我的痛苦起了个名字，管它叫做"狗"。

它与别的狗一样,忠诚、有趣、聪明、纠缠不休。我可以对它厉声呵斥,在它身上发泄恶劣情绪,就像别人对待他们的狗、仆人和老婆一样。

313. 不画刑讯图

我要学拉斐尔①,不再画刑讯图。世间的崇高事物已经足够,犯不着到那样的地方去寻觅。在那里,崇高与残酷为邻,犹如亲生姐妹。倘若我立志当崇高的刽子手,我的雄心绝不会感到满足。

---

① 拉斐尔(1483—1520),意大利著名画家,与达·芬奇、米开朗琪罗并称文艺复兴三杰。

314. 新家畜

我要把我的狮子和老鹰留在身边,以便随时得到暗示和预兆,知道我的力量之强弱。

难道我现在一定要轻视它们而又害怕它们吗?它们战战兢兢仰望我的时刻会重新到来吗?

315. 最后的时刻

风暴是我的危机所在:我会遭遇那置我于死地的风暴吗?如奥列维·克伦威尔[①]死于风暴一样?或者,我会像蜡烛一样熄灭吗?它不是被风吹熄的,而是因为自感厌倦,是一支燃尽的蜡烛?再或者,我把自己吹熄,以免燃尽?

---

① 克伦威尔(1599—1658),英国政治家和军事家。

316. 预言家

诸位有所不知,预言家实际上是很痛苦的。你们只以为他们大才槃槃,并且希望自己也具有他们的"天赋"。

然而,我想打个比方。空气里、云层里的电使动物多么痛苦啊!我们知道,有些动物有预测天气的能力,猴子便是。(在欧洲也可以观察到,不限于直布罗陀动物园。)但是我们没有想到,它们的痛苦与预言家的相似!

当强大的阳电突然遇到云层里的阴电,当天气即将遽变的时候,这些动物便如临大敌,要么准备抗御,要么准备逃逸,不过大多数情况是溜之大吉。它们把坏天气当成敌人,它们已触到敌人的手了。

317. 回　顾

我们处在某一生活阶段,很少意识到这期间迸发出来的激情,只觉得它是我们唯一的理性状态和人情之常,并非激情——这里姑且借希腊人的口吻作如此区分。

今天,几首乐曲唤起我对冬天、对一幢楼宇和对一种归隐林泉的生活的忆念,并且使我重温当初浸淫于其中的那种感受(那时我认为是可以如此度过一生的),可现在我才领悟到,这在当时完全是激情,一如眼下这充满痛苦和安慰的音乐。这类激情,人们不可能保留数年,更不可能永远保留,否则也未免过于"不食人间烟火"了。

318. 痛苦中的智慧

人在痛苦中和在欢乐中一样,同样有智慧。

痛苦与欢乐同属保持人之本性的头等力量,如果它们不是这种力量,早就被祛除了。顾名思义,痛苦就是给人制造痛苦,但这不能成为反对它的理由,这正是它的本质所在呀。

我在痛苦中听到船长的命令:"收帆!"一个勇敢的航海家必须对船员进行充分的演练:以各种方式收帆,否则大洋会迅即将其吞没。我们过日子也必须节省精力,一旦痛苦发出可靠信号,就须及时如此对应。大的危机和风暴逼近时,我们要尽力避免"被吹得胀鼓鼓",要好自为之。

的确,也有人在剧痛迫近时听到相反的命令。风暴起时,他们不以为然,坦然处之,比风暴更傲然、更欣然,更似起起武夫,是啊,是痛苦本身给他们带来了最伟大的时刻!他们是人类中承受痛苦煎熬的英豪和伟人。对于痛苦,这些罕见之士必有自己的辩白。真的!人们不应拒绝他们的辩白!痛苦是保持和促进人之本性的头等力量，纵然他们是通过抵制安乐舒适、毫不隐讳地厌恶欢乐才具备这力量的。

319. 经历的诠释者

所有宗教的创始人以及与他们类似的人都谈不上诚实。他们向来不是以自身的经历和体验认识事物。"我到底经历了什么？当时在我内心、在我周围发生了什么？当时我的理智清醒吗？我的意志是否排除了感官的迷惑、勇敢地抵制了幻想？"他们之中无人这样问过。可爱的教徒们现在也不这样问。他们只是渴望得到反理性的东西，并且希望轻而易举地满足这一渴望，唯其如此，他们才经历"神奇"和"再生"之类，聆听安琪儿的妙音！

可是，我们——渴求理性者——则要严格体察自身的经历，像对待一项科学试验一样，时刻体察!我们要作自我试验,成为试验动物。

320. 再度晤面

A:我是否完全理解你?你仍在寻求吗?在这现实世界里,何处是你命运的归宿呢?你在何处可以沐浴阳光、安享无尽的舒适、证明你的存在价值呢?你好像在对我说:但愿我们各管各、抛弃泛泛之论吧,没必要替别人和社会操闲心啊!

B:我要做的绝不仅此。我不是寻求者。我要为自己创造一个属于自己的太阳!

321. 慎之又慎

我们不要在惩罚、责备和纠正别人方面用

过多的心思！我们是很难改变一个人的。即使我们这件事做成功了，那么我们说不定在不知不觉中也被别人改变了！

倒不如静观默察，等待着我们的影响胜过别人的影响吧！还是不要参与直接的斗争吧！斗争亦即惩罚、责备和纠正别人的意志呀！还是把自己提升得更高吧！赋予自己的榜样以更加绚丽夺目的色彩吧！用自己的光亮使旁人黯然失色吧！我们不要被别人搞得灰头土脸，像一切惩罚者和不满意者那样，我们宁可走开，眼观别处！

322. 比 喻

假若所有的星星均在思想家内心的循环轨道上运行，那么他们就不是最深刻的思想家；洞察自己就像洞察无限的宇宙，并将银河体系纳入内心,这样的人才知道,银河体系也是无规律的,它导致存在的混乱和迷宫一般的情状。

323. 命运的奖赏

命运给我们最大的奖赏,莫过于它让我们站在敌人一边战斗一个时期。这样,我们注定要获大胜。

324. 以生活为媒介

生活没有让我失望,绝没有!年复一年,我觉得生活更加实在、更加神秘和值得贪恋了。这感觉始于这一理念:生活是求知者的试验,并非义务、灾难和欺骗!这理念是伟大的解放者!

知识对他人也许意味着别的什么,比如是

歇息的床笫，或达到歇息的途径，或消遣，或无聊的玩意儿；在我，知识则是一个既充满危险又充满胜利的世界。在这里，英雄也有用武之地。

"生活是获取知识的途径"，心里有了这一原则，人就不仅勇敢，而且也活得快乐、笑得开怀！而善于笑和生活的人，难道不首先善于战斗并夺取胜利吗？

325. 什么是伟大

假如一个人在内心没有给自己增添剧痛的力量和意志，他如何能成就伟业呢？人能吃苦，这实在微不足道，连柔弱的妇人乃至奴隶在这方面也有不同凡响的表现。

但是，倘若给自己增添剧痛，听见剧痛的呼号却不被剧痛和不安所毁，这样的人才堪称伟大啊！

326. 心理医生与痛苦

道学家和神学家有一个共同的劣根性：老是喜欢向人们唠叨，说人们的身心状况欠佳，必须进行彻底、艰难的治疗。人们也总是热衷于聆听这类说教，几百年如一日，也就真的相信这个偏见了，觉得自己的身心状况的确很糟了，所以老是长吁短叹，愁眉苦脸，觉得生活无望，仿佛忍耐已达极限了。

可实际情况到底如何呢？实际上，他们是坚信和热爱生活的，满腹的诡计和灵巧足以打破窘困，拔除痛苦和不幸的棘刺。

我以为，人们性喜夸大痛苦和不幸，这似乎已成"优良"的生活习惯了；另外却绝口不提那些镇痛的诸如麻醉剂一类的药物。镇痛的良方还包括匆忙思考、安静的环境、美好和痛苦的回忆、意图、希望、形形色色的自尊和同情，这一切几乎都能达到麻醉的效果，而痛苦达到极致时就自然而然地不省人事了。我们十分善于在苦中加甜,尤其给心灵痛苦加甜,无论在勇敢和崇高之时还是在屈服和绝望中作谵语(高尚的谵语)时都有镇痛的辅助药物。

损失只是一时性的罢了,我们一旦受损,便有某种馈赠自天而降,比如一种新的力量,比如获得力量的契机,这也很好!道学家对我们这些"恶人"的心灵"痛苦"瞎想些什么呀!对热情之人的"不幸"又胡编我们什么呀!是啊,欺骗在这里才是正题:他们明知我们这类人多福多欢,却对此讳莫如深,因为那样有悖于他们的理论啊。按照这理论,一切幸福的源泉在于灭绝激情,剪除意志!

末了,关于这些心理医生的良方及其鼓吹的彻底、艰难的治疗,我们不禁要问:我们的生活果真如此痛苦、不堪负荷而不得不用禁欲主义的、呆滞的生活方式取代才行吗?我们的状况并没有坏到必须接受禁欲主义生活方式的地步呀!

327. 严肃对待

大多数人的智力是一部笨拙、阴暗而嘎嘎作响的机器,运作起来实在有点叫人厌烦。他们开动这部机器进行慎思,就叫作"认真对待事物"。噢,慎思,对他们必定是件麻烦事。

一旦人——可爱的动物——陷入沉思,似乎就都要失去良好心绪,它变得"严肃"了!"哪里有欢笑和愉悦,哪里思维就失灵。"这严肃的动物居然对一切"快乐的科学"有如是的偏见。——好吧!就让我们证明这的确是偏见吧!

328. 打破愚昧

有人振振有词地、顽固地鼓吹一种信念:个人本位主义是卑鄙龌龊的。这信念显然给个人本位主义造成了损害(而有利于群体本能意识，我将要重复一百遍这么说），因为它抽掉了个人本位主义中良好的意识，认定它是万恶之源。

"个人主义是你一生的不幸"，几千年来就是这样对人说教的，可正如上所述，这剥夺了个人主义的许多智慧、欢乐、想象力和美，而使它愚化、丑化和毒化！相反，古代哲学教导人们认识的不幸的原因则完全不同。从苏格拉底起，思想家们教诲说："你们没有思想，愚昧，按常规得过且过，从属于邻人的意见，这，就是你们少有幸福和欢乐的原因了，而我们思想家才是最幸福最欢乐的呀。"

在此，我们姑且不论这种反愚昧的教诲是否比那种反个人主义的说教理由更充分些，然而，可以肯定的是，这教诲抽掉了愚昧意识中那自视良好的一面，这些哲人打破了愚昧。

329. 闲暇与懒散

印第安人的血统存在着一种特有的野性，当年美国人掀起的淘金热就是这野性的表现，他们干活匆匆忙忙，连气都喘不过来。新世界的这种固有恶习已传染给欧洲，古老的欧罗巴也变得粗野起来了。奇怪的是，人们对此竟无任何想法。

时下，人们多以休息为耻，长时间的沉思简直要受良心的谴责了，思考时，手里要拿着表，午膳时，眼睛要盯着证券报。过日子就好比总在"耽误"事一般。"随便干什么，总比闲着好。"这原则成了一条勒死人性修养和高尚情趣的绳索。

由于劳动者的匆忙，一切礼仪和礼仪情感也消亡了，根本无暇顾及动作的节奏了。现在到处要求做事要粗略而明晰，便是明证。在希望与别人真诚相处的一切场合，在与亲朋、妇孺、师生、上司和王公贵族的交往中，人们既无精力又无时间来考虑仪式、烦琐的礼节、交谈的睿智，更谈不上安详了。追逐利润的生活总是迫使人们费尽心机，不断伪装，要尽阴谋，占得先机。要比别人在更短的时间内成事，这在时下已成为特殊的美德。于是，允许人们恢复诚实本性的时间实在少得可怜，就在这少有的时间里，人们也是疲惫不堪，要尽量伸展四肢百体呀。

　　人们写信也按这个习俗，书简的文体和内容无不打上"时间的标识"。如果说还存在社交的快乐和欣赏艺术的快乐，那么这快乐也像是奴隶在工作劳累之后稍为放松一下而已。啊，我们这些有教养或无教养的人对这"快乐"是多么满足啊！然而不久又慢慢对该不该有这快乐产生了怀疑！劳动越来越能带来良好意识：图快乐的习性自称是"恢复体力的需要"，并开始自感羞愧了。

"我们对自己的健康是欠了账的。"若某人在乡间的聚餐会上被人发现,他会惯于这样申辩说。是的,不久可能会出现这样的情形:人们在对这一习性即对生活进行思考的习性作让步时(也就是一面思索一面散步,或同友人散步),会内心感到不安,会自我蔑视的。可是,从前的情况刚好相反,劳动在人们的意识中总是不光荣的,名门望族的后裔要是不得已去干活,就会向人隐瞒自己的工作。奴隶干活也有思想负担,认为是在做被人瞧不起的事。"干活"本身就是卑贱,"只有在安闲中才有高贵和荣誉可言",此为古代的偏见!

330. 掌 声

思想家不需要旁人的喝彩和掌声,只要对他自己的掌声从不怀疑就行——对他来说,这是断不可缺少的。有谁不需要自己的掌声或类似掌声的赞美呢?

塔西佗[1]在谈论智者(并非中伤)时说,他从来不需要掌声。我对此是怀疑的。

331. 宁愿耳聋,不愿震耳欲聋

从前,人们只需要轻轻招呼,现在不行了,必须大声呼叫才行,因为市场大大扩展了。这么一来,嗓门本来就大的人还得扯开嗓门,增大音量,就是上等货也得声嘶力竭地叫卖。若是没有市场上的嘶哑叫唤,时下也就不存在天才人物了。

对思想家来说,这自然是个邪恶的时代。思想家必须学会在两种噪声中寻求宁静,还要

---

[1] 塔西佗(55—118),古罗马历史学家。

佯装耳聋,直至有一天真的变聋了。他若没有学会这一套,那就存在一种危险:因焦躁和头痛而死亡的危险。

332. 不愉快的时刻

大抵每个哲学家都有过不愉快的时刻,他在这个时刻思忖道:人们若是连我的普通道理都不信,这能怪我吗?

然后,一只幸灾乐祸的小鸟从他身边飞过,啾啾而鸣:"这能怪你吗?这能怪你吗?"

333. 何谓"认识"

斯宾诺莎以其特有的朴实而高超的方式说:"不要笑,不要哭,不要诅咒,而要思考。"那么,这"思考"到底与前三者——我们立即就能理解的——有何不同呢?它是嘲笑、埋怨和诅咒这些相互对抗的本能欲望所产生的结果吗?在产生一种认识前,每一种本能都必然首先对这一事物或所发生的情况提出单方面的看法,然后,各种单方面的看法彼此进行斗争,在斗争中进行折中,达到平衡和各方的认同,达到公平,达成契约。这些本能借助这公平和契约便可保存自我,维持彼此的权利。我们只明白了这一较长过程中所达到的最后和解与结论,并据此认为,所谓思考,实则为一种和解的、公平的、良好的、本质上与本能完全相反的东西,只不过是各种本能相互之间的某种关系罢了。

长久以来,人们把有意识的思考视为思考的全部。现在我们才逐渐明白,思维活动大部分都是在我们无意识、无感觉中进行的;但我还认为,这些相互斗争的种种本能彼此是十分敏感的,并力图给对方添增痛苦。这就是思想家往往会突然感到精疲力竭(战场上的精疲力竭!)的根源所在了。不错,在我们内心也许潜藏着英雄气概,但它绝非是斯宾诺莎所说的神圣的、"永自安眠"的东西。

有意识的思考,特别是哲学家有意识的思考,其实是一种最软弱因而相对也是最温和、最宁静的思考方式。如此看来,对于认识之特性的理解,最容易出错的恰恰是哲学家了。

334. 必须学会喜爱

我们对待音乐,首先必须学会把握音乐形象和旋律,学会把它当成一种孤立和隔绝自我的生活,然后还需要良好意愿,作出努力,方能接受它。尽管它陌生怪异,我们仍然对其意境和表现方式保持忍耐,对其神奇保持慈善心态,久而久之,我们终于习惯它了,我们期盼它,缺少它时就若有所失;于是,它也就源源不断地施展魅力和强制,一发不可收拾,直到我们最终爱它,对它俯首帖耳,心醉神迷,乃至不知世上还有什么更美妙的事物。

我们就这样学会了喜爱音乐,对其他事物也是这样。我们总是对陌生怪异的东西保持良好的意愿、耐心、谦逊和温和的态度,因而最终获得激赏:陌生怪异之物慢慢抛却面纱,呈现出新奇的、无可言状的美,这是它对我们殷勤好客的酬谢啊。

凡是自爱的人都是通过这样的途径学会喜爱的,舍此别无他途。人,必须学会喜爱。

335. 向物理学欢呼致敬

到底有多少人善于观察呢?而在少数善于

观察者中又有多少人善于观察自己呢？

"每个人都是离自己最远的人"，察人者明于此，感到很扫兴。"认识你自己吧！"这箴言是上帝对人说的，它充满恶意，且与观察自我联系起来，实令人失望。几乎每个人在谈论德行时所表现出的气质（快捷、乐意、自信、健谈、眼神、微笑、可人的热情等）都证明这箴言的确是与观察自我挂上钩的，它似乎要对你说："亲爱的先生，这是我自己的事呀！还是带着你的问题去找那个人吧，那人会作如下回答：我在任何事情上都没有像在德行方面那样明智。这就是说，当人判断'这是对的'，推断'此事必然发生'，并且做被自己称之为正确和必然的事时，他的行为就是符合道德的！"

可是，我的朋友，你刚才对我说了"这是对的"，你何以知道这个是对的，恰恰这个是对的呢？"因为我的良知告诉我这个对；良知首先要确定何者是符合道德的，所以它绝不会说不道德的判断的！"那你为何一定听从良知呢？你怎么会把这一判断看成是真实可靠的呢？难道就没有别的良知了吗？难道你对一种理性的良知亦即隐藏在"良知"背后的良知一无所知吗？"这是对的"——你的这一判断的来历，可追溯到你的本性、好恶、经验和非经验。你必须问："这是怎么发生的？"接着还需问："究竟是什么迫使我听从它？"你听从它的命令，正如士兵听从长官的命令，或者像一位妇人深爱着对她发号施令的男子，或者像惧怕发号施令者的懦夫和"马屁精"，或者像追随他人、毫无主见的傻瓜。总之，你听从良知的原因可能有一百种，然而，你只把这个或那个判断当成是良知在发话，亦即感觉它是对的，其原因就是你自己从未深思熟虑过，盲目接受自童年起被人称之为"对"的事物；或者还有这样的原因：你的面色和荣誉，连同被你称之为"己任"的东西发生了困难，事关生存条件，所以你被迫认为那是"对"的。（你有生存的权利，你认为这无可厚非！）

你那一成不变的道德评价说不定就是一种证据，即证明你个人的可悲和没有人格，你的"道德力量"的源泉可能就在于你的固执，或者可能就在于你的无能，即无能审察新的崇高目标！简言之，你若是思考得更周全一些，观察更仔细一些，学习更多一些，那么你在任何情况下都不会把自己的"责任"和"良知"称为责任和良知了。洞见当初的道德评估是如何产生的，就使你感到"责任""良知"这些庄严字眼是何等索然无味，正如你对其他庄严的字眼诸如"罪恶""拯救灵魂""解脱"等感到扫兴一样。

我的朋友，现在我不谈"绝对命令"[①]了！这个词使我耳朵发痒，忍不住发笑，尽管你在

[①] 绝对命令，或称无上命令，是康德唯心主义哲学中的伦理原则。

场,一脸的严肃。此刻,我想起了老康德,他受到"绝对命令"的袭击,心乱如麻,遂逃进自己内心的"上帝""灵魂""自由"和"永恒"处,犹如一只狐狸慌张地逃回牢笼。而先前,康德的力量和智慧是打破这牢笼的!这或许是对"绝对命令"、对被他骗到手的"绝对命令"的惩罚,委实滑天下之大稽!

什么?你很钦佩内心的绝对命令?钦佩道德评价的"固定性"?钦佩"大家必须像我这样评价"的"绝对性"?果真如此,还不如钦佩你的个人主义,钦佩你的个人主义的盲目、狭隘和平庸呢!所谓个人主义,就是把你的评价当成普遍的准则,而个人主义之所以是盲目、狭隘和平庸的,就因为它表明你尚未发现自己,尚未创造出你的独特、最独特的崇高目标——这目标从不是另一个人的,更不是大家的。

谁若作出这样的判断,"在这种情况下,人人都必须这样做",谁就还没有在"认识自我"

方面走出五步远；否则他一定晓得：世上不存在、今后也不可能存在相同的行为；每个行动都是以独有的、不可能重复的方式完成的，每个将要完成的行动也是如此；行动的所有准则只涉及粗略的外表（即使是迄今一切道德的最深层和最精细的准则，也是这样），用这些准则只能达到表面上的同一性，因而是虚假的；每个行为，无论对它观察还是回顾，都是捉摸不透的；我们对一些诸如"好""高尚""伟大"等的看法根本不可能用自己的行为来证明，因为每个行为是不可认识的。不错，我们的观点、价值评估是我们行为体系中最强有力的杠杆，然而在各种情况下，它们的力学原理又是得不到验证的。

如此说来，还是让我们一门心思来净化自己的观念和价值评估吧，不要再考虑"我们行为的道德价值"，我的朋友！人们喋喋不休地议论道德，这在当今实在令人讨厌。在道德法庭上搞审判,这有违我们的兴趣,让我们把这些议论和兴趣留给那些人吧,留给那些只会把一部分历史拖入当代,否则便无所事事的人吧,留给那些从来不是当代人的人吧!他们可是人多势众呀,他们占了大多数!

我们要成为我们自己——新颖、独特、无可比拟、自我立法、创造自我的人!为了当创造者,我们必须成为物理学家。迄今一切价值评估和理想全都建立在对物理学的无知和违背物理学的基础上,所以,我们要向物理学欢呼致敬!更要向强迫我们钻研物理学的诚实欢呼致敬!

336. 大自然的吝啬

大自然为何对人如此吝啬,不让人根据其内在的光辉或多或少地发光呢?

伟人的升降沉浮为何不像日出日落那样，呈现可视的绚丽呢？人类的一切生命竟然简单明确到如此地步！

337. 未来的"人性"

当我用遥远的目光回望那遥远的时代，便发现现代人身上除了奇怪的道德和疾病外，再也找不出任何其他引人注目的东西了。姑且把我的观察称为"历史意识"吧。

历史意识是导致历史出现新奇和怪异事物的萌芽，倘若这萌芽假以时日，比如几个世纪或更长的时期，最终会长成散发奇妙气味的奇妙植物，因它之故，我们古老的地球会比现在更宜于人类安居。我们当代人刚开始一环一环地铸造情感链条，亦即对未来的强烈情感链条，但又几乎不知自己的所为。

对我们而言，这似乎称不上什么新情感，而是旧情感的弱化与式微——历史意识依旧如许地贫乏与冷漠，许多人受到它的袭击，犹如受到寒潮的侵袭一般，变得益发贫乏与冷漠了；另一些人觉得历史意识是老之将至的征候，他们视地球为忧郁的病人，这病人为了忘却自己的今天，乃撰写自己的青春史。事实上，谁把人类的历史一股脑儿当成自己的历史加以感受，谁就会普遍触摸到各色人物的忧伤：顾虑自身健康的病人，回忆青春之梦的老者，被人夺走恋人的情郎，理想毁灭了的殉道者，在战斗中未决出胜负却造成朋辈伤亡的迟暮英雄。这便是一种新的情感色彩。

然而，承受和可以承受这形形色色、不可胜数之忧伤的英雄犹在，他在翌日的战斗打响后，犹能对朝霞和自己的命运欢呼，他思接千代，目通万里，继承了往昔一切高尚的思想，且在继承中满怀责任感。这些志行高洁之士，迄今尚无人可望其项背,他是新一代志行高洁者的"头胎儿",他把人类的一切,诸如最老和最新之物、损失、希望、征服、胜利等集于内心,压缩为一种情感,由此而产生人类前所未有的幸福,一种充满力与爱、泪与笑的神圣幸福。这幸福宛如夕阳,一直馈赠它那永不枯竭的财富,并将其倾入汪洋大海,当最可怜的鱼儿也能借助夕阳余晖的"金桨"划动时才感到自己最为富有!这神圣的情感就是未来的人性!

338. 受苦的意志与同情

首先做个富于同情心的人,对你们自己是否有益呢?你们若富于同情心,对受苦的人是否有益呢?对第一个问题,我们暂且不予回答。

别人几乎不了解我们所受的剧痛,即使同吃一锅饭的人,我们也会对他隐瞒;可是当别人发现我们的苦处时，则又把苦处视为平淡。轻飘飘地祛除别人的痛苦，本来就是同情的天性呀。

然则，我们的"施主"比敌人更贬低我们的价值和意志，同情的施主在对不幸者施舍善举时，往往会有智性的轻率表现，即饰演命运之神的角色，这实在有点使人愤愤不平：他完全不懂得内心的顺从和依附，正是你我不幸的所在。我心灵的整个结构、通过"不幸"达到心灵平衡、开发新的需求和源泉、旧伤痕的愈合、对过去的排拒等，总之，凡是与不幸可能有联系的东西，亲爱的同情者一概漠然置之，他只想帮助他人，却根本想不到，世间存在不幸对个人来说是完全必要的；也根本想不到，你我需要恐惧、匮乏、贫困、黑夜、冒险、鲁莽、失误，正如需要这些东西的对立物一样；他也根本想不到——恕我说得神秘一点——通往个人的天堂路总需穿越个人的地狱。不，他不懂："同情的宗教"（或"心"）发令帮助别人,当有人最快地完成了帮助,这个人就认为他的帮助最得力!倘若你们——这一宗教的追随者——对别人和对自己也怀有这种想法,倘若你们不愿意让自己的痛苦留在身上,连一个小时也不让留,而且防止了一切可能自远处而降的不幸,倘若你们把痛苦和不快当做邪恶、可憎、该死和生存的污点,那么,在你们内心除了同情的宗教外还有另一宗教,即舒适的宗教,而且后者说不定还是前者之母呢。哎呀,你们这些善良和舒适的人啊,怎么对人的幸福几乎是一窍不通呢!须知幸与不幸原本是一对孪生兄弟,它们共生共长;可是,它们在你们身上总也长不大!

好,让我们再回到第一个问题上来吧。一个人怎样才能固守在自己的道路上呢?总有某种呼喊在召唤,召唤我们到旁边去;可我们的眼睛却绝少看见那里有什么东西,所以没有必要马上丢弃自己的东西,快步跑到旁边去。我知道，把我引入歧途的方式方法不下百十种，而且都是冠冕堂皇的，最高级的要数"道德"方法了！是啊，怀有同情心的道学家甚至认为，恰恰是这个而且只有这个才是符合道德的：离开自己的路，赶快去帮助邻人！我也十分清楚，只需要让自己目睹一次真正的痛苦，我也就失落了！假若一位受苦的朋友对我说："你看呀，我马上就要死了；你答应我，与我一起死吧。"我会答应他的，正如当我看见一个为自由而战斗的山民会使我下定决心向他伸出援手甚至献出生命一样——这是出于良好动机而挑选出来的例子，并不怎么妥帖。是的，确实存在一种隐秘的诱惑，让你去帮助一切令人同情的人，呼喊"救命"的人；而我们"自己的路"又过于艰难，要求过于苛刻，离旁人的爱和感谢也太远，所以我们也不是不愿意离开它，不是不愿意离开自己的良知，而逃进旁人的良知，逃离"同情宗教"的可爱庙宇。

现在,一旦爆发某场战争,就会引发一个民族中的高尚人士的欢悦情绪。他们以狂喜的心情直面死神的威胁,因为它们相信,为国捐躯便使他们终于得到了那个久寻而不可得的允许,即允许偏离自己的目标。对他们,战争就是曲线自杀,伴随着良知的曲线自杀。

为了免谈别的,我就公开说出我的道德吧:隐居起来吧,这样使你能活下去!不必了解那些被时代认为是至关重要的事情!把三百年的悠长岁月横亘在你与当代之间吧!将当今的喧嚣即战争和革命的喧嚣当做是对你的喃喃低语吧!你也会帮助别人的,不过只帮助你完全了解其痛苦的那些人,因为他们与你有同样的希望,也就是说,你帮助的是朋友,而且是以帮助自己的方式去帮助的。我要使他们更勇敢、坚韧、单纯、愉快!我要教给他们时下很少有人懂得的东西,也是鼓吹同情的人最不懂的东西:同乐!

339. 生活似女人

要看出一件作品美的极致,光靠知识和良好意愿是不够的,还要靠极为罕见的偶然机遇:云彩的纱巾从这美的极巅飘走,太阳在高空朗照,为我们。

我们必须站在合适的地方观察,我们的心灵也必须把纱巾从心灵的制高点揭去,心灵需要外在的表达,以便获得一个支撑点并掌握自己。然而,这一切鲜能同时实现。所以,我以为,一切美好事物,不管是作品、行为、人,还是大自然,其极巅至今仍不为大多数人所了解,甚至对最优秀的人物也隐而不彰。极巅即使显露了,也只显露这一次而已。

希腊人曾祈求过:"让所有美的东西一再展现吧!"噢,他们如此吁请神明是很有道理的,因为无神的现实世界根本不给我们提供美的东西,要么只提供一次!我说,世界充满美的事物,然而它们得以展露的美妙时刻实在罕见。但这也许正是生活的最大魅力所在了:一块用黄金编织的、充满美好机遇的面纱屏蔽着生活,蕴含着希望、抗拒、羞涩、嘲讽、同情、诱惑……是啊,生活就像女人!

340. 临终时的苏格拉底

我十分心仪苏格拉底,他的言行,甚至他的沉默所表现出来的勇气和智慧使我倾慕不已。雅典城里这位语含讥讽的"歹徒""蛊惑民心者"能把恃才傲物的青年感动得浑身颤抖、啜泣,诚为有史以来谈锋最健的绝顶智者,他即使沉默也显出他的伟大。我真希望他在生命的最后一刻也是保持沉默的,果真如此,他在天才人物队伍里的身价会更高。

然而,不知是死神、毒药,还是好心或恶

意,总之有某个东西使他临死时终于开口说话了:"噢,克利顿,我还欠阿斯克雷庇奥①一只公鸡呢。"听见这句既可笑又可怕的"遗言",有人明白了它的含义:"噢,克利顿,生活是一种疾病啊!"可谓一语中的!

作为须眉男子,苏格拉底在众人眼前犹如猛士,活得潇洒、快乐,可谁料到,他竟然是个悲观主义者呢!他直面人生,强颜欢笑,而把自己最深层的情愫、最重要的评价隐藏,隐藏了一生呀!苏格拉底啊,苏格拉底深受生活的磨难!但他对生活也实施报复——使用隐晦、恐怖、渎神的言语!像苏格拉底这类人是否必然自食其果呢?与苏氏那车载斗量的美德相比,一点点宽容是否太吝啬了呢?噢,朋友们,在这方面,我们必须压倒希腊人!

---

① 阿斯克雷庇俄斯,希腊神话中的神医。

341. 行为的着重点

假如恶魔在某一天或某个夜晚闯入你最难耐的孤寂中,并对你说:"你现在和过去的生活,就是你今后的生活。它将周而复始,不断重复,绝无新意,你生活中的每种痛苦、欢乐、思想、叹息,以及一切大大小小、无可言说的事情皆会在你身上重现,会以同样的顺序降临,同样会出现此刻树丛中的蜘蛛和月光,同样会出现现在这样的时刻和我这样的恶魔。存在的永恒沙漏[①]将不停地转动,你在沙漏中,只不过是一粒尘土罢了!"你听了这恶魔的话,是否会瘫倒在地呢?你是否会咬牙切齿,诅咒这个口出狂言的恶魔呢?

你在以前或许经历过这样的时刻,那时你回答恶魔说:"你是神明,我从未听见过比这更

---

① 沙漏是古时的计时器。

神圣的话呢!"倘若这想法压倒了你,恶魔就会改变你,说不定会把你辗得粉碎。

"你是否还要这样回答,并且一直这样回答呢?"这是人人必须回答的问题,也是你行为的着重点!或者,你无论对自己还是对人生,均宁愿安于现状而放弃一切追求?

342. 悲剧的序幕

查拉图斯特拉[①]三十岁时离别故乡和乌尔米湖,来到山上。他在山中以孤独和思考为乐,十年间乐此不疲;然而最终还是改变了主意。

一天早晨,朝霞满天,他起床后迎着朝阳走去,并对它说:"伟大的太阳啊!若是你的光辉不照耀人们,你又有何幸福可言呢!十年来,

---

① 查拉图斯特拉(约前628—前551年),古波斯的预言家和宗教家。

你每日登临我的穴居处。倘若没有我,没有我的鹰和蛇,你大概早就厌倦你的光辉和你来我处的这条路径了。每个黎明我们将你等候,欣然接受你充沛的光明,并虔敬地为你祝福。

"看啊,我多像一只蜂儿,聚敛了大量的蜜汁,对自己的智慧已感厌倦了。我急需人们那一双双伸开的手,好把我的智慧馈赠、奉献给他们,直到智者再度因自己的愚蠢而欢欣,穷人再度因自己的财富而快乐。为此,我必须下山,正如你每日傍晚降落在海的背后,并给另一个世界送去光明一样。噢,你,光热无量的太阳呀!我必须像你一样'落'下去,下山,到人群中去。

"祝福我吧,你那安详的眼睛毫不嫉妒这一无上的幸福!祝福这只将要溢出的杯子吧,水将泛金地从杯中流泻,载着你那狂喜的余晖流向各处!看呀!这杯子又将空空如也,查拉图斯特拉又将再度变成人了。"

如此,揭开了查拉图斯特拉下山的序幕。

343. 我们欢乐的含义

"上帝死了",基督教的上帝不可信了,此乃最近发生的最大事件。这事件开始将其最初的阴影投射在欧洲的大地上,至少,那些以怀疑的目光密切注视这出戏的少数人认为,一个太阳陨落了,一种古老而深切的信任变成了怀疑,我们这个古老的世界必将日渐黯淡、可疑、怪异、"更加衰老"。我们大概还可以说:这事件过于重大、遥远,过于超出许多人的理解能力,故而根本没有触及他们,他们也就不可能明白由此而产生的后果,以及哪些东西将随着这一信仰的崩溃而坍塌。有许多东西,比如整个欧洲的道德,原本是奠基、依附、植根于这一信仰的。

断裂、破败、沉沦、倾覆，这一系列后果即将显现，可是有谁眼下能对此作出充分的预测才不愧为宣布这一可怕逻辑的导师呢？才不愧为宣布这一史无前例的日食和阴暗的预言家呢？

我们——天生的释谜者，立于高山之巅期待着未来，置身在当今和未来以及这二者的矛盾之中，是下个世纪的头胎婴儿和早产儿——现已看到那即将笼罩欧洲的阴影了，然而究竟是何原因使得我们对这阴暗丝毫不抱同情，丝毫不为自己担忧和惧怕，反而是期盼这阴暗的来临呢？也许是我们受这一事件的近期影响太深之故吧，这影响也许同人们估计的恰好相反，断不是悲伤和消沉，而是难于言说的新的光明、幸福、轻松、欢愉、勇气、朝霞……

不错，我们这些哲学家和"自由的天才"一听到"老上帝已死"的消息，就顿觉周身被新的朝晖照亮，我们的心就倾泻着感激、惊诧、预知和期待的洪流。终于，我们的视野再度排除遮拦，尽管这视野还不十分明亮；我们的航船再度起航，面对重重危险；我们再度在知识领域冒险；我们的海洋再度敞开襟怀，如此"开放的海洋"堪称史无前例。

344. 我们虔诚到何种程度

人们说得十分在理：在科学领域，信念是没有公民权的。只有当各种信念把自己贬抑为某种谦逊的假设、暂时的尝试、可调整的幻想之时，它们才被允许进入科学领域，或甚至获得某种价值的认可，不过，依然要加上一项限制，即它们必须处在警察——"不信任警察"——的监督下。

更确切地说，这是否表示只有当一种信念不再是信念时，才被允许进入科学领域呢？对科学思想的约束是否始于人们不应擅自产生信念呢?……大概就是这么回事吧。需要质问的是:为了使约束生效,是否必须存在一种专横强制的、绝对的信念,以便使其他信念沦为它的牺牲品呢?

人们知道,科学也是以某种信念为基础的,根本不存在"没有假设"的科学。"真理是否必要",对这个问题必须先作肯定的回答,务使一切原则、信仰和信念无一例外地表达如下的意思:"没有什么比真理更必要了,与真理相比,其余一切事物只有次等价值。"这种追求真理的绝对意志究竟是什么呢?是不受人欺骗的意志吗?是不骗人的意志吗?

追求真理的意志也可解释为"不骗人"的意志,前提条件是"我不骗人"这个一般法则包括"我不骗自己"这个个别法则。可是,人为何不愿骗人呢?为何不愿受骗呢?有人说,"不愿欺骗"和"不愿受欺骗"这二者的原因是在完全不同的范畴内。不愿受骗,是因为受骗会造成损害,是危险的,甚至是灾难性的。从这个意义上说,科学——人们可以正当地对其提出责问的科学——委实是历久不衰的智慧,也是一种功利。什么?"自己不愿受骗"真的就会少受损害吗?危险和灾难就会少些吗?你们对生活的特性有何了解,从而判断最大的益处是在于绝对的不信还是绝对的信?假若绝对的信与不信这二者都必须,那么,科学从何处得到它赖以为基础的绝对信仰,即真理比任何东西都重要,也比任何信念都重要呢?假如真理与非真理都不断证明自身的功利性,那么,这种信念也就不可能产生了。实际情况也如此。

这么说来,对科学的信仰是无可争议地存在,信仰的原因不是根据这类功利的算计,而是依从"追求真理的意志","不惜代价地追求真理的意志"。噢,当我们把一个又一个信仰扼杀并奉献在科学的祭坛上,我们就清楚地懂得何谓"不惜一切代价"了!所以,"追求真理的意志"并非意味着"我不愿受骗",而是"我不愿骗人,也不愿骗自己"。我们别无选择。于是我们就有了道德的基石,因为人们只顾一个劲儿问自己:"你为何不愿骗人呢?"特别是当生活出现假象的时候,假象是肯定存在的!我指的是生活存心搞欺骗、错误、颠倒、错觉、迷惑;但另外,它又总是显出叫人相信的模样,它可能是一种企图,说得和缓一些,可能是堂·吉诃德式的狂热的荒唐,也可能是某种险恶的东西,即仇视生命的、毁灭性的原则……"追求真理的意志"就可能变成追求死亡的、隐秘的意志。

于是,"为何要科学"这个问题又把我们引回到道德问题上来了。如果生活、自然和历史是"不道德的",那么为何还要道德呢?毫无疑问,一个求真的人、以信仰科学为前提的人所肯定的世界是迥异于生活、自然和历史的世界的,但他在多大程度上肯定这"另一世界"呢?他是否因此而必须否定这"另一世界"的对立面——现实世界、我们的世界呢?……

据说人们已经领悟到(我也早就认为),我们对科学的信仰始终还是基于一种形而上学的信仰。我们,当今的求知者、无神论者和反形而上学者,也是从那个古老信仰即从基督徒的和柏拉图的信仰所点燃的千年火堆中取自己之火的,认为上帝即真理,真理是神圣的……可是,倘若这信仰越来越不可信,倘若没有任何东西证明自己是神圣的,倘若上帝本身也证明自己是历时最久的谎言,那将会怎样呢?

345. 道德问题

人格缺陷所造成的恶果随处可见。柔弱、浅薄、被窒息的、自我否定和否定一切的人格已不再适于做任何好事,尤其不适合于从事哲学研究。

"无私"不论在何处均无价值可言；大问题需要大的关爱，而这，只有强人、完人、坚定自恃的人方可办到。思想家要么以他个人特有的方式对待他的问题，这样他就会在问题中找到自己的命运、痛苦和至幸；要么以"非个人特有的"方式对待，即用冷漠而好奇的思想触角去接触和理解问题。这二者实在有着天壤之别。如果是后一种情形，断不会产生什么结果，故不要对它抱任何指望。因为重大的问题——即使它是可以理解的——也不是懦夫和蛤蟆所能理解的，这是他们的习性使然，永远如此。而且，这习性是他们和一切女人所共有的。

我至今尚未碰到有谁（书本里也没有碰到）是作为人在看待道德，并把道德当成一个问题，当做自己的痛苦、折磨、至乐和激情，这究竟是何缘故呢？显然，道德至今根本不算一个问题，毋宁说是人们在经历猜疑、不和、矛盾之后而达成一致的东西，是思想家在其中歇息、松弛继而重新振奋的处所。我至今尚未发现任何人敢评估道德的价值；我甚至发觉人们对科学尝试的好奇心也灭绝了，心理学家和历史学家那种被娇惯的尝试性的想象力也没有了，本来，这想象力可随便飞快捕捉到一个问题，又无须费劲知道到底捕住了什么。我几乎没有搜集到什么资料，可供撰写一本价值评估史（还想写点有关价值评估的论文及理论学史），以便激励人们对这一历史的爱好，增长这方面的才能。不过今天我才意识到，我的努力全是枉然。那些道德史学家（尤其是英国人）的确无足轻重，连他们自己通常也很轻信地服从某种道德的命令，充当替这道德扛招牌的侍从而不自知；仍在重复在基督教统治下的欧洲一直被人忠诚传颂的民间迷信：道德行为的本质特征就在于无私、否定自我、牺牲自我，就在于同情。

他们在这个前提条件下所犯的普遍错误，就是坚持认为，各国人民，至少是顺民在道德原则上具有共通性,并且从中推导出对你我的绝对约束力;要么反其道而行之,当他们明白民族不同则道德迥异的这一真理后,又得出所有的道德均无约束力的结论。这两种做法皆等同儿戏。他们之中的较为高明者也是犯有错误的,他们发现并批判一个民族对其道德的种种看法、人对人的普遍道德的种种看法,也就是发现并批判关于道德的起源、宗教制裁、自由意志的种种偏见(也不排除是愚见),就误以为这样做是对道德本身进行批判了。

然而,"你应该……"这类准则的价值是独立于、迥异于这一类道德见解的,也是独立于、迥异于其错误似杂草丛生的道德,就好像一种药物对于病人的价值不取决于这病人是否有科学头脑,或者像老妪对药物一无所知一样。一种道德甚至可以从一种错误中产生,但是用这种观点来阐述道德价值问题至今尚未有过,也就是说,迄今无人核验过所有药品中那最著名的一种——道德价值。那么,怀疑这价值乃是当今第一要务,是啊,这就是我们的工作。

346. 我们的疑问

你们不理解吗?事实上,人们总想尽力设法理解我们,我们也在给自己寻找各种说法和听别人怎么议论。我们是谁呢?就简单地用较陈旧的字眼自称吧:无神论者、怀疑论者或非道德者。但我们觉得很久没有被人这样叫了,我们成为这三种人是在晚年,所以人们不理解,也是你们这些好事者不能理解的,这理解需要很大的勇气。

不!我们不要再学那些硬要从无信仰中制造出某种信仰、目的和殉道的人,要摒弃他们的辛酸和激情!我们洞见这个世界绝非神圣,依照人的标准也绝非理性、仁慈和正义。我们因为看得分明，所以我们如同被蒸发干了似的，变冷变硬了；我们生活于斯的这个世界是非神圣、非道德、"非人性"的，可是，我们在很长时间内对它作了错误的、骗人的解释，原因就在于我们听任了自己的那个崇拜意志，即听任了一种需要。人，是一种崇拜的动物！

但人又是怀疑的动物。我们原先猜疑这个世界是无价值的，现在总算被我们猜中了，确定无疑了。这么多的怀疑，这么多的哲理！我们还是不要说破自己也觉得可笑的事实吧：倘若人们需要发明一种价值，那么这虚构的价值定然超过现实世界的价值。但我们从虚构的价值中退了回来，如同从人的虚荣和无理性的迷惘中退回一样。

这迷惘的最后表现形式是现代悲观主义，比较古老而强烈的表现形式是佛教教义，不过基督教也有类似的困惑，而且更暧昧、更可疑，故而对人的蛊惑更甚。人作为"否定世界"的原则,作为衡量一切事物的价值标准,作为世界的法官——这法官最后把存在本身也置于他的天平上,而且发觉它的分量太轻——我们逐渐意识到"人面对世界"的整体姿态是极度乏味的,十分讨厌的,当我们发觉"人与世界"并存,只是当中被这个小词"与"的傲气所隔,便不禁莞尔一笑!

这是怎么回事呢?笑是否意味着我们在鄙视人的这一方面进了一步?在悲观主义、在鄙视存在——我们可以认知的存在——等方面也进了一步?我们是否沉湎于怀疑这个世界的矛盾呢?(迄今,我们是怀着崇拜在这个世界上安家啊!为了这个世界,我们才苟且偷生!)我们是否沉湎于怀疑另一个世界,即怀疑我们自己本身呢?无情地、彻底地怀疑我们自己,这怀疑现在愈益迫使欧洲人就范,并且将毫不费力地使未来几代人作出惊人的抉择:"要么废除你们的崇拜,要么废除你们自己!"后者是虚无主义,前者是否也是虚无主义呢?这就是我们的疑问。

347. 信徒与信仰需要

一个人需要多少信仰才能使自己发达兴旺呢?需要多少"坚固物"的支撑才不致使自己动摇呢?这,便是个人力量的测量仪(或者说得更明确些,是他的软弱的测量仪)。

在我看来,古老欧陆的大多数人当今仍需要基督教,所以该教依然受到人们的信仰。人就是这样:对一种信仰他可以反驳千百次,但一旦需要它,又可以说它是"真理",其根据就是《圣经》上所载的那著名的"力量的证明"。

有些人需要形而上学,但也狂热地要求获得某种确定性,这种要求时下在广大群众中已掀起科学的实证主义浪潮,此乃一种希望确确实实获得某种东西的要求(另外,由于这种带有确定性的要求过于急迫,因而被认为是轻率的),这也是寻求支撑和依傍的要求,简言之,亦即人的软弱本性。这软弱本性虽则未创立各种宗教、形而上学理论和信念,但也对这些东西起了维护的作用。事实上,在实证主义哲学体系四周,弥漫着悲观主义的阴郁气氛、厌倦、宿命论、失望、对再度失望的恐惧,或表现出仇恨、情绪不佳、激愤的无政府主义、种种症状的软弱情感和矫饰。当代一些聪明绝顶之士因为满怀一腔激愤而在穷街陋巷失去了自我。比如,这激愤表现在所谓的"祖国情感"里(我把它比做法国的沙文主义,"日耳曼式"的),或表现在仿效巴黎自然主义者的美学信仰里(巴黎自然主义者仅仅拾取和揭示自然中某些引起人们恶感和惊惧感的东西,人们今天喜欢把它们称为"十足的真实"),或表现在彼得堡式的虚无主义里(这模式就是信奉无信仰,直至为此殉难），凡此种种激烈情感莫不首先表现出对信仰、依附和支撑的需要……

哪里缺乏意志，哪里就急不可待地需要信仰。意志作为命令的情感，是自主和力量的最重要标志，这就是说，一个人越是不知道如何下命令，他就越是急不可待地渴望一个下命令的人，一个严令的人，越是急不可待地渴望神明、王公、上层阶级、医师、听忏悔的神父、教条和党派意识。由此可以推断，世界的两大宗教，即佛教和基督教之所以产生并迅速传播，皆因人的意志患病，病入膏肓。事实确实如此，这两大宗教均找到那种因意志罹病而产生的荒谬要求，乃至绝望要求，即要求"你应该如何如何……"它们是意志软弱时代的宿命论教师爷，给芸芸众生提供宿命论这一精神支柱，提供一种新的前景，使他们滋生新的愿望，享受这愿望。

宿命论乃是使弱者和失去自信者达到"增

强意志"的不二法门,是对整个思想界、知识界的催眠术,有利于促进当今占统治地位的观念和情感,亦即被基督徒称之为"营养过度"的信仰。倘若一个人对他必须接受命令的理由深信不疑,他就成了"信徒";若情形相反,那就表现出人的自决力量和意向,即表现出人的自由意志了。这时,思想告别了任何信仰,告别了任何要求获得确定性的愿望,而习惯于以轻便的绳索和可能性支撑自己,即便面临深渊犹能手舞足蹈,这样的思想即为卓尔不群的自由思想啊!

348. 学者的出身

在欧洲,学者出身于各个阶层和社会环境,犹如并不需要特殊土壤的植物,因此,他们在本质上应属于民主思想的载体,然而,这个出身却背叛了自身。

假若一个人将自己的目力训练到从一本学术专著、一篇科学论文便可抓住这位学者的智性特点(凡学者皆有这样的特点),那么,他也就可以在这特点的背后进而发现这位学者"早先的历史",即他的家庭及职业。

如果一位学者表露出这样的情感:"现在证明我已将它完成",这通常就意味着这学者的先辈仍然活在他的血液和本能中,在他看来,他"所完成的工作"是好的、有益的工作;他所说的"证明"是一种象征,表明这个祖祖辈辈一向勤劳的家族所干的都是"好职业"。例如,档案保管员和办公室文书的主要工作是整理资料,将其分类存放,并制成图表加以说明。要是他们的儿子当了学徒,也会表现出这样的偏爱:用图表对一个问题作简要说明,这样做,他就认为问题已经解决了。世上也有与此相似的哲学家,说到底,他们只是"图表脑袋"罢了,父辈的行业特点变成了他们的工作内容,证明了他们分类和制作图表的才能。律师之子即使当了学者也必定是律师,关于他的事业,他首先考虑的是维护公正,然后也许就真的获得了公正。人们要识辨基督教神职人员和神学教师之子,只消看其天真的自信便知。他们作为学者,自信地以为其事业已经得到证明,故而表现出一种热烈的敬业精神,完全习惯于别人对他们的信任——这,仅是父辈的"行业"所赐罢了!相反,犹太人根据商界和犹太民族的历史状况,对于别人的信任是非常不习惯的。让我们来观察一下犹太学者吧:他们重视逻辑,就是说,重视用说理的办法强迫别人同意。他们知道,纵然存在着反犹太人的种族恶感和阶级恶感,人们不愿相信他们,然而他们必定会以逻辑取胜的,没有什么比逻辑更民主的了。逻辑不顾人格的尊严,可以把鹰钩鼻说成直鼻。(在此附带说明一下,正是在逻辑化和纯思维习惯方面，欧洲从犹太人那里受益匪浅，尤以德国人为甚。德国人是个该诅咒的理性民族，当前仍需首先给它"洗洗脑筋"。凡犹太人影响所及之处，他们总是教导别人彼此更要疏离，推理更要精确，书写更要清晰。把一个民族带至"理性"，便是犹太人的使命。）

349. 再论学者的出身

决意自我保存是陷入窘境的表示，也是对生命的基本本能进行限制的表示（这本能旨在权力扩张，权力意志常常怀疑自我保存的本能并将其牺牲）。比如，患肺结核病的斯宾诺莎和其他哲学家就把所谓的自我保存本能看成是具有决定意义的东西，有人认为这是很有象征意味的，表明这些人恰恰是身陷困境的人！

现代自然科学同斯宾诺莎的教条纠缠在一

起（尤其以达尔文主义为最，连同他那不可理喻的"生存斗争"的片面理论），这恐怕与大多数自然科学家的出身有关，他们是"老百姓"，其祖先贫穷、卑微，故切身体会到处世维艰。所以，在英国达尔文主义的周围弥漫着一种气氛，恰似英国人口过剩所造成的令人窒息的空气和小市民散发的贫困叹息。但身为自然研究者，应走出人的逼仄空间，到大自然中去，那里没有贫困状态，有的只是过度的丰裕和无穷的豪奢。"生存斗争"只是一个例外，是一个时期内生存意志受到限制所致。而大大小小的斗争全是围绕着为获得优势、发展和扩张而展开，为了获得适宜于权力意志即生存意志的权力而展开。

350. 向诚信之人致敬

反教会斗争的含义甚多，其中包括这一斗

争,即普通、诚信、快乐、率真的人们反对重要、深沉、安逸、邪恶、可疑之人的统治的斗争。后者早就心存疑虑,在煞费苦心地思考着存在的价值和自身的价值。民众普遍的本能意识、感性生活的乐趣以及"善良的心灵"背叛了他们。

整个罗马教会乃奠基于南欧人怀疑北欧人的人性,北欧人一直是被误解的。而这怀疑又是南欧人从遥远的东方、从远古而神秘的亚洲、从亚洲人那内省之修身方法中继承过来的。基督新教无异于一场人民起义,对诚实、笃信、心无城府的人们有利(北欧人总比南欧人善良、率真一些),然而,只有法国大革命才把王权完整而庄严地交到"好人"(绵羊、驴、鹅,以及一切率真、爱吵闹之人)手里。

351. 向牧师致敬

我想,民众(当今,谁不是"民众"呢)所理解的明智就是乡间牧师所表现出来的那种母牛似的娴静、虔敬与温良,他躺在草地上,认真、反复品味和审视着生活。对此,哲学家们颇不以为然,这大概是因为他们不够"大众"化,更不似乡间牧师一类吧。他们可能要到最后才相信,民众能够理解与他们相距最远的东西:求知者的伟大激情。求知者始终生活且必须生活在最重要问题和最深重责任的乌云里,而不是旁观、置身身外,不是冷漠、安稳、客观……

当民众找到"智者"的典型,他们就会对他顶礼膜拜,大加赞颂,用最美的言辞和最高的荣誉。这类人便是敦厚、严肃、淳朴、清心寡欲的牧师及其相类似者。民众对他们的赞美里包含对智慧的崇敬。除了对他们,民众还会对谁表示感谢呢?这些人来自民众,属于民众,犹如被遴选出来专为民众的福祉而献身似的,他们也自信是为上帝献身的。民众可以对他们倾诉衷肠而不被责罚,可以抛却忧愁、烦恼和心中的秘密(因为凡是能"与自己沟通"的人就能摆脱自我,向别人"告白"的人就能忘却心事),这儿存在生存所必需的东西,就是说,民众需要净化灵魂的疏导、需要疏导沟渠中的洁水、关爱的急流和坚强、谦逊和纯洁的心灵,亦即随时准备为这个非官方机构提供心理保健服务甚至准备为此献身的心灵,这是一种牺牲精神啊,牧师永是祭品……

民众把这类富于牺牲精神、沉静严肃的"信仰"者视为智者,视为无所不知的人、自信的人(与民众不怎么自信相比),谁能防民之口,剥夺这类美誉和崇敬呢?

然而,哲学家与民众的谦逊是截然相反的,

在他们看来,牧师也是"民众",而非知者,因为他们根本不相信"知者"。怀着这种偏见和信念,他们才对"民众"表示谅解。在希腊,是谦逊发明了"哲学家"这个词,又是谦逊把自称明智的这一华丽的傲慢让给了思想界的这些演员——此乃毕达哥拉斯①和柏拉图这类自傲的怪物的谦逊。

352. 道德为何不可缺少

一般说来,赤身裸体者不堪入目,我说的是欧洲男性(绝不是指欧洲女性)。倘若魔术师用魔法突然剥去兴致极高的同桌共餐者的衣裳,我想,那不仅使欢乐气氛荡然无存,而且也倒尽胃口。我们欧洲人似乎不可缺少那种类似衣

---

① 毕达哥拉斯(前582—前507年),古希腊哲学家和数学家。

裳的假面具。

然则,"道德之士"的伪装,他们借助种种道德俗套和正派得体的概念作掩饰,我们善意地把自己的行为隐藏在义务、美德、集体意识、荣誉和否定自我等概念后面,凡此种种难道没有充足的理由吗?我的意思不是说要把人性的邪恶和卑下以及我们内在的丑恶、狂野的兽性掩盖起来,正好相反,作为驯服的动物,我们的外形委实可耻,故而需要道德的伪装。欧洲人的"内在人格"长久以来没有坏到让人一看就懂的地步(目的是好看),他们用道德伪装,乃是因为他们业已沦为多病、羸弱、残缺的动物。它要做"驯服"的动物,其理由是充分的,就因为它畸形、不完整、孱弱、笨拙……

并不是可怖的猛兽需要道德伪装,而是平庸、畏葸、自感倦怠的群居动物才需要。道德打扮了欧洲人,且过于华丽——让我们承认这点吧——才使其显得高尚、重要、体面些,乃至"神圣"些。

353. 宗教的起源

宗教创始人的真正发明,一方面是找到了一种特定的生活模式及道德习俗,并使之成为准则,消除人的厌世情绪;另一方面是阐释这种生活模式,于是,这生活散发出最高的价值光辉,成为人们为之奋斗、有时甚至献出生命的至善之物。

这两个方面的发明,实际上后一种更为重要,因为某种生活模式通常已经存在,人们只是不知道它与其他生活方式相比,其价值如何罢了。宗教创始人的重要性及其首创精神就表现为他发现并选择了这种生活模式,并首先认识到它的功用,知道如何阐释这功用。

比如，耶稣（或者是保罗）在古罗马占领的地区，即意大利版图以外的占领区，发现了一种小民百姓的生活。此乃一种简朴、崇尚道德且压抑的生活，耶稣对它作了诠释，赋予它至高无上的意义与价值，由此也赋予它蔑视其他生活方式的勇气，赋予它摩拉维亚教徒①那宁静中的狂热，内心隐秘的自信，这自信日渐增强，终于准备"征服世界"了（指征服罗马以及罗马帝国的上层阶级）。

释迦牟尼同样也发现了一类人，这类人散布在该民族的各个阶层，其社会地位不同，怠惰而善良（更无恶意，绝不冒犯他人），其生活是节制的，几乎没有什么需求——这也是怠惰使然。释迦牟尼懂得，他必定能使他们接受这一信仰：承诺免除人世的艰辛（即劳动的艰辛、行动的艰辛）。这个"懂得"便是他的天才。

---

① 摩拉维亚教徒，基督教教派之一的教徒，散布在捷克摩拉维亚地区。

宗教创始人还必须从心理学上理解某些普通人,他们尚未认清自己同属一类,正是他把这些人捏合在一起。因此,宗教的创立总是一个漫长的认识过程。

354. 论"类群的保护意识"

当我们开始领悟,我们在何种程度上可以省去意识时,意识问题(更确切地说,是自我意识问题)才出现在我们面前。现在,生理学和动物学史(它们用了两个世纪的时间才赶上莱布尼茨[①]预先提出的怀疑)把我们推到领悟意识问题的初始阶段。我们本来可以思考、感觉、希望和回忆,本来也可以根据词义"行动",而这一切并不需要"进入我们的意识"(正如某些

---

① 莱布尼茨(1646—1716),德国哲学家和数学家。

形象性的说法），整个人生即使不在镜子中得到反映也是客观存在的，正如我们的绝大部分生活，亦即我们绝大部分意愿、思想和情感没有这种反映也照样进行，这种论调，年纪稍长的哲学家听起来可能会感到有些刺耳。

假如意识在大体上是多余的，那么它究竟有何用呢？你想听听我对这个问题的回答、听听我的回答中也许会有的出格的猜度吗？

我以为，意识的敏锐和强度总是与人（或动物）的沟通能力成正比，而沟通能力又与沟通需要成正比。沟通需要不应作如下理解：似乎一个人擅长把自己的需要告知他人，并使他人理解，他就因此必须依赖他人了。我以为，哪里长久存在迫使人们彼此倾诉、彼此尽快而精确理解的需要，哪里就存在过剩的沟通能力和技巧，仿佛是一笔慢慢聚敛的财富，正等待一个继承人对它恣意挥霍一般，所有的民族及其世世代代莫不如此。（所谓的艺术家就是这种继承人,演说家、布道者、作家也是,还有一代代"晚辈",这个词的含义就是,"晚辈"的本性就是挥霍。)

假如这一观察是正确的,那么我就再作如下猜度:意识只是在沟通需要的压力下才产生,在人与人之间(尤其在发布命令者和服从命令者之间),意识从来就是必需的、有用的,也只是与这个"功利"相关才产生。意识原本只是人与人之间的联系网络,只是作为联系网络它才必须发展。隐士和猛兽一样的人不需要它。我们的行为、思想、情感及内心活动进入自己的意识(至少一部分进入意识),这是那种可怕的、长期控制人的"必须"所造成的后果:犹如一头受威胁的动物,人需要帮助和保护,需要气质相投的友伴,需要善于表达他的危难,让别人理解自己,凡此种种,他必须先有"意识",也就是要"知道"自己缺少什么,思考什么,要"知道"自己的情绪。

我再重复一遍,人如同每一种动物,总

在不断地思考，但它对此并不自觉。变为自觉思考的只是思考中最小的一部分，也可以说是最表面、最简单的一部分，因为有意识的思考是用语言即沟通符号进行的，由此而揭示了意识的起源。简言之，语言的发展和意识的发展（不是理性的发展，仅是理性的自我意识的发展）是携手并进的。需要补充说明的是，人与人之间，不仅是语言，而且还有眼神、表情或紧迫之事，均可作为沟通的桥梁。我们逐渐意识到自己的感官印象，将这印象固定并表达出来的力量增强了，这力量便是一种要通过符号把感官印象传达给他人的强迫。

发明沟通符号的人也是自我意识越来越强烈的人，人作为社会的群居动物，才学会意识到自己，他一直是这样做的，而且越来越自觉了。人们可以看出我的观点了：意识本不属于人的个体生存的范畴，而是属于他的群体习性；由此推断，意识只是由于群体的功利才得以敏锐地发展;所以,尽管我们每个人的最佳意愿是尽可能作为独特个体看待自己,"了解自己",然而,把他带进意识的,恰恰不是他的独特个体,而是他的"群体";我们思想本身一直被意识的特点即意识中发号施令的"群体保护意识"所战胜,进而被改编,倒退为群体的观点。

从根本上说,我们的行为是无可比拟的个性化的,独特的,这毫无疑问;然而,一旦我们把自己的行为改编进入意识,它们就立即面目全非了……依照我对本原的现象论和主观论的理解,动物意识的本质所造成的结果是:我们可以意识到的这个世界只是一个表面世界、符号世界、一般化世界;一切被意识到的东西都是浅薄、愚蠢、一般化、符号、群体标识;与一切意识相联系的是大量而彻底的变质、虚假、肤浅和概括,故而,逐渐增强的意识其实是一种危险。谁生活在最具有意识的欧洲人中谁就知道,这意识实则为一种病态!人们已经看出，欧洲人的意识不属于我在这里所论及的主观和客观的对象。这，还是留待那些仍然钻在文法（大众的形而上学）圈套里的认识论学者去判定吧。首先，欧洲人的意识不是"事物本身"的对象，不是现象的对象，因为我们远远没有"认识"到足以能下如此判断的程度。我们压根没有专门主司认识和"真实"的感官组织，我们所"知道"（或者相信，或者自以为）的，恰恰是对群体利益有用的东西，而这里所说的"有用性"，说到底也不过是一种信念和自以为是，说不定正是欲置我们于死地的灾难性的愚蠢呢。

355. "认识"的起源

我在街头巷尾听到这一解释，听到民众中有人说"他认识我"，于是自问：民众到底是怎样理解"认识"的呢？当民众需要"认识"时，他们需要的到底是什么呢？他们需要的无非是把某种陌生的东西还原为某种熟悉的东西罢了。

我们哲学家对于"认识"的理解是否更深一些呢？所谓熟悉，就是我们对某种东西已经习惯，不再对它感到诧异，比如我们的日常生活，我们置身于其中的某一规律，我们十分在行的桩桩件件事情。什么？我们求知的需要不正是追求熟悉事物的需要吗？不就是那种在一切怪异、不寻常、值得疑问的事情中发现某种不再使我们为之焦虑不安的东西的意愿吗？难道不是恐惧的直觉责成我们去认识吗？难道认知者的快乐不正是重新获得安全感吗？……当哲学家把世界还原成"理念"时，他就说世界"已被认识了"。噢，难道这不是因为他对这"理念"太熟悉、太习以为常吗？难道不是因为他对这"理念"绝少感到不安和害怕吗？噢，这便是求知者的自满自足呀！看看他们的原则和对世界之谜所作的解答吧!每当他们在事物中和事物背后重新发现了什么——可惜都是我们耳熟能详的东西,比如是我们的基础知识,或者是我们的逻辑、意愿、贪求等,他们是多么高兴啊!因为"熟悉的东西就是已经被认识的东西"。在这一点上,他们是一致的,其中的胆小者认为,熟悉的至少比陌生的易于认识,而认识的方法是从"内心世界"和"意识中的事实"出发,因为它们是我们熟悉的呀!真是荒唐到极点!熟悉的就是习惯的,而习惯的却是最难"认识"的。把习惯的当作问题,当作陌生的、遥远的、"我们身外"之物加以认识,真是相当不易啊……

与心理学和意识要素的评论(所谓的非自然科学)相比较,自然科学的最大可靠性正是建立在把陌生之物当作研究对象的基础上,而且这研究对象充满着矛盾和荒谬。自然科学不把熟悉的事物当作研究对象……

356. 欧洲怎样才能变得更"艺术"

生活的关怀时下依旧把某个职业强派给几乎所有的欧洲人,尽管在这过渡时期,许多东西已不再搞强迫了。少数人虽有选择职业的自由,不过也是表面上的自由罢了,大多数人的职业角色是被强派的。

结果是令人奇怪的:几乎所有的欧洲人在年岁渐老时对自己的角色都感到迷惑不解,他们成了自己"精湛表演"的牺牲品了;当初择业时的偶然因素、情绪、专断是怎样地左右了他们,他们已全然忘却。他们本来可饰演别的角色,可现在为时晚矣!若是更深层地进行观察,则可看出他们的个性是从角色中即从人为的特性中演变而来。在某些时期,人们坚信他们命中注定要以这个职业为牛,而不愿承认此中的偶然因素。阶级、职业、世袭的行业特权借助这一信念得以建立以中世纪为特点的社会高塔，这塔的坚固耐久性确也值得赞颂。（持久性在世上具有头等价值哩！）

但是，也有与此完全不同的时代，即真正的民主时代，人们越来越忘却上述的信念，而另一种大胆的信念、相反的观点在前台崭露头角，比如最初在培里克利斯①时代，雅典人的信念颇引人注目，又比如当代美国人的信念现在越来越成为欧洲人的信念了。在这样一些时代，个人坚信自己无事不可为，无角色不可胜任，人人都在作自我尝试、即兴表演、全新的试验，而且带着愉悦的心绪。一切自然地停止了，变成人为的……

希腊人首先具备了这一角色信念，即艺术家的信念，然后正如人们知道的那样，他们一

---

① 培里克利斯（前499—前429年），雅典政治家，在其执政期间，雅典开创了辉煌的文明；其执政期为雅典的黄金时代。

步一步地经历了神奇的但也并非在每个方面都值得模仿的变化：他们真的成了演员，作为演员蛊惑、征服大众，最后甚至成了"世界的征服者"。我所担心的，时下人们也明显感觉到的是：倘若人们来了兴致紧步希腊人的后尘，那么我们现代人就全都站在同一条道上了。每当有人开始发觉他怎样扮演一个角色以及能扮演到何种程度时，他就已经是个演员了……

于是，涌现了在较为稳固、有较多限制的时代无法产生的新群体（在那样的时代，这些人要么被置于"底层"，要么被束缚或被怀疑为寡廉鲜耻），由此屡屡出现最有趣也是最愚蠢的历史时代，五花八门的"演员"们成了这些时代的真正主宰；而另一类人则处境越来越不利了，尤以"建筑大师"为甚。目前，建设力量业已瘫痪，作长远规划的勇气迭遭挫折，组织方面的人才匮乏。谁会斗胆去做几千年才能实现的工作呢？一个人要预计和规划未来，并为此而牺牲，只有作为宏伟建筑物上的一块砖才有价值,才有意义——这样的基本信念已经灭绝了!他为何首先必须坚定地成为一块砖,而不做"演员"呢?

简单地说,从现在开始,社会是不会被建设也不可能再被建设了,因为建筑材料奇缺,我们不再是社会的材料了。这就是当今的现实!然而,社会主义者们,这些最短视或许最诚实但也最麻木的人却相信、希望和梦想着相反的现实,并连篇累牍地撰文大加宣传,我觉得这也无关宏旨。他们用俯拾皆是的"自由的社会"一类词语来描写未来。自由的社会吗?噢,这样的社会美则美矣,可诸位仁兄知否,这样的社会何以建设呢?用"木质的铁"来建设吗?用著名的"本质的铁"甚至还不是"木质的铁"吗?……

357. 老问题"何谓德国式"

让我们复核一下那些得益于德国人的哲学思想成果吧,它们是否在某种被允许的意识里依然对整个民族有益呢?我们能否说,它们也是"德国心灵"之作,至少是"德国心灵"之象征呢,正如我们习惯于把柏拉图的观念、把他那几近宗教式的形式狂热视为"希腊心灵"之明证一样呢?或者刚好相反?这些成果是否在整个民族的思想中独具特色、属于特殊事物呢?比如歌德那善意的异教徒信仰,俾斯麦在德国人中实行善意的马基雅维利主义①,即他的所谓"现实政治"?我们哲学家是否有悖于"德国心灵"之需要?德国哲学家是否真是穷究哲理的德国人?

---

① 马基雅维利主义,指政治上的权术主义。马基雅维利(1469—1527),意大利的政治家和历史学家。

我想起三个例子。第一，莱布尼茨那无与伦比的观点，他用这观点不仅反对笛卡尔，而且也反对所有被认为是正确的哲学家前辈。这观点便是：意识只是观念的偶然，而不是观念的必然和本质，那么，我们称之为意识的东西只是我们精神和心灵世界的一种状态罢了（也许还是一种病态），而绝非世界的本质。这一思想的深邃至今尚不可测，它是不是德国式的观念呢？有没有理由猜测，一个拉丁人绝不会轻易想到这个大转折的观点上来呢？——因为这是个大转折啊。

第二，让我们回忆一下康德给"因果关系"打上的那个巨大的问号。他并不像休谟[①]那样怀疑自己的正确性，而是小心翼翼地界定范围，让"因果律"这一概念只在这个范围内具有意义（人们至今尚未完成这一界定）。

[①] 休谟（1711—1776），英国哲学家和政治家，是反对因果律的经验主义者。

第三，让我们回忆黑格尔那强有力的冲击一切逻辑习惯的惊人举措。当时他勇于讲授物种是各自进化的，由此推动欧洲一代才俊掀起一场伟大的科学运动，促成了达尔文主义。没有黑格尔就没有达尔文，黑格尔首先把"进化"这一具有决定意义的概念引入科学界，其革故鼎新之举是不是德国式的呢？回答是肯定的，毋庸置疑。

在这三个案例中，我们都感到某个东西是被我们自己"发现"和言中的，我们对它既感激又惊喜。每个案例都是德国人自我认识、体验、把握的深思熟虑的产物。莱布尼茨说过："我们的内心世界更丰富，更广阔，更隐秘。"对此，我们颇有同感。身为德国人，我们与康德一样，都怀疑自然科学知识的永久有效性，也怀疑万事万物是否必须借助因果律加以认识。对我们而言，可知的东西价值甚低。即使没有黑格尔这个人，只要我们（与所有的拉丁人相反）本能地赋予"进化""变化"以更深刻的意义、更丰富的价值,那么,我们德国人也是黑格尔信徒。我们对"存在"的正确性是不大相信的,同样,我们也不喜欢承认人的逻辑就是唯一的逻辑(而是说服自己,人的逻辑只是一种特殊情况,也许是最怪异和最愚蠢的一种)。

第四个问题是,叔本华的悲观主义,亦即存在的价值问题,是否必然是德国人才有的呢?我以为不是。对上帝信仰的日趋式微以及科学的无神论的胜利是全欧性的,对此,欧洲各国人民均功不可没,均应分享荣耀。而叔本华的悲观主义显然是因久盼这一事件而产生的,这是每位"心灵天文学家"可以推断出来的。

正是与叔本华同时代的德国人对无神论的胜利起到延误的作用,延误得最久,为害最烈。黑格尔便是最出色的延误者,他总是借助我们的第六感觉——"历史感"劝说我们相信存在的神性,而身为哲学家的叔本华,是我们德国人拥有的首位自封的无神论者,不屈不挠的无神论者。他敌视黑格尔的背景就在于此。在他看来,存在的非神性是显而易见、毋庸争辩之事。每当他发现某人在这方面犹豫不定或拐弯抹角,他便失去哲学家的谨慎,火冒三丈。这恰恰显示了他的诚实品格。绝对诚实的无神论正是叔本华提出存在价值这个悲观问题的先决条件,此乃欧洲良心获得的重大胜利,是两千年以来教育人们崇尚真理的最卓有成效的行动,导致最终戳穿信仰上帝的谎言……

究竟是什么战胜了基督教上帝呢?是科学的良知和理智的纯洁。而它们正是从基督教道德本身、愈益严谨的诚实理念以及基督教良心的忏悔中被改编过来并升华而成的,可谓不惜代价。把大自然视为上帝善意与呵护的明证,把历史诠释为上帝理性之荣耀,在解释个人的经历时,以为心灵的一切安排、暗示都是为了爱(正如虔诚之人长期以来所解释的),等等,这一切均一去不复返了,因为它们无不违背良知,有良知的人认为这些是不诚实的、不正当的,全是谎言、虚弱和怯懦,是男人的女儿态。具备这种严肃态度,我们便是优秀的欧洲人了,是欧洲最持久最勇敢的继承者了,即继承了战胜自我的精神。

当我们竭力排拒基督教的阐释,像对待一枚假币一样谴责基督教教义时,叔本华提出的那个问题便令人悚惧地冲着我们来了:存在到底有无意义?这个问题需要经历数个世纪才能听到完整而深邃的回答。至于叔本华本人的答案,请原谅我这么说,是稍嫌草率和幼稚的,是不得已的调和,未能摆脱基督教禁欲主义道德观的窠臼。不过,他毕竟解除了对上帝的信仰……终归是他提出了这个问题,如上所述,他是作为一个优秀的欧洲人而不是作为德国人提出的。德国人是否应以关注叔本华的姿态来证明其内心与叔氏所提出的问题相关和相近呢？证明他们是否准备探讨并需要探讨这个问题呢？叔本华谢世后，德国人对他的问题作了思考，还出了书，诚然为时太晚，但仍不足以促进大家与这个问题的密切联系，让叔本华的悲观主义就那么笨拙地搁置着。看来，他们对这个问题不是那么得心应手。

我说此话根本不是针对爱德华·冯·哈特曼，我以为，这个恶棍简直太机灵，从一开始就对德国的悲观主义大肆嘲笑，但他意犹未尽，最后居然给德国人留下遗言，要人们考虑在这个百废待兴的时代怎样把德国人变成傻瓜。我还不禁要问，难道人们应该把那只发出嗡嗡之声的老"陀螺"——班森也算作是德国人的荣耀吗？班森的一生都是兴高采烈地围着他那愁苦的现实辩证法和"个人的厄运"旋转着，这难道也是德国式的吗？（关于班森，我在此推荐他的那些曾被我引用过的文章，都是反悲观主义的，我的推荐说不定是他那闲适的心态求之不得的呢。我想，人们拜读这些大作就茅塞顿开了。）那些在学术上的"半瓶醋"、老处女以及可爱的童男"使徒"美因兰德之类也应算作真正的德国人吗？美因兰德终究是犹太人啊（犹太人一旦作道德说教，姿态就显得可爱）。以上所谈的几位均未肯定过叔本华的悲观主义、他的诚实的惊恐以及他向这个无神性、愚蠢、盲目、疯癫、可疑的世界投去的惶惑的眼神，既不肯定他是德国人中的特殊案例，也不肯定是一个德国事件。反观时下在前台上演的一切，包括我们勇敢的政策、欢悦的祖国情愫（这情愫以一种少见的哲理原则"德国，德国高于一切"去看待一切事物），全都明白无误地证明了相反的结论。不！当代德国人不是悲观主义者！至于叔本华，容我再说一遍，他之所以成为悲观主义者，是由于他欧洲人的身份，而非德国人。

358. 思想界的农民起义

我们欧洲人正置身在茫茫的荒墟世界,此间有些东西依旧高耸入云,而多数已倾圮倒塌,甚而腐朽,形象森然。这景致有如图画,哪儿还有比这更美的废墟,四处蔓生着参差野草的废墟呢?

教会就是一座衰败沦落的废都。我们目睹基督教的最深层基础已经动摇了,人们对上帝的信仰已被推翻,对基督教禁欲主义理想的信奉正日薄西山、气息奄奄。不错,像基督教这样一座历史悠久而精心构筑的大厦,这最后的罗马建筑,是不可能毁于一旦的,然而,地震的震撼,各种思想的咬啮、挖掘、凿击、湿润必然加速它的倾圮。最令人惊异的还是,曾经不遗余力维护和支撑这座大厦的人恰恰成了不遗余力地摧毁它的人,这就是德国人啊!看来,德国人似乎不大懂得教会的本质,难道是他们智力不逮吗？抑或信仰不坚？教会大厦乃是奠基于南欧人的自由和自由思想，奠基于南欧人对大自然、人和灵魂的怀疑，就是说，奠基于与北欧人迥异的人生体验和认识。

马丁·路德的宗教改革，就其整体来看，是出于"单纯"对"复杂"的义愤，说得谨慎些，这改革乃是一场误解，颇值得原谅的、粗俗而诚实的误解——人们并不理解一个胜果累累的教会之特征，而仅见其腐朽一面；人们误解了每一种胜利的、自信的强权所许可的怀疑，误解了它的宽容雅量……今天，人们总是怀着善意，不计较马丁·路德在一些诸如强权的主要问题上所表现出来的灾难性的短视、肤浅和轻率，这主要因为他来自民众，民众总是远离统治阶级，缺乏夺取政权的本能欲望的。

于是，马丁·路德的工作，他重建罗马教会的意志只变成一项破坏性的工作，这自然并非他之所愿，也是毫无察觉的。他怀着诚实人的满腔仇恨，撕碎了那只老蜘蛛精心且历久编织的网。他把教会的神圣典籍发给每个人，这些书也就落入那些要消灭任何基于书本之信仰的语言学家之手。他破坏"教会"概念，其手法是抛弃神灵抚慰这一信念，他知道，只要创立教会的所谓神谕或神灵启示思想，继续在教会中存在并建设其大厦，那么"教会"就能维持其力量。马丁·路德还把同女人性交的权利交还给牧师。民众，特别是民间女性对牧师所持的崇敬态度大多因为他们相信，在性的问题上特殊的人在别的方面也特殊，于是，民众相信在人群里存在超人、神奇和拯救人的上帝，而且这信念觅得了最高雅和最难于应付的辩护律师。马丁·路德在给牧师送去女人之后，又剥夺牧师聆听教徒的耳语忏悔，这从心理学方面看是正确的，但也无异于取缔了牧师本身，因为牧师的最大用处乃是做神的耳朵，那耳朵是一口缄默的井，一座为教徒保守忏悔秘密的坟茔。路德提出"人人都是自己的牧师",在这句带有农民的狡诈的箴言背后隐藏着他对"上等人"及其统治刻骨铭心的仇恨。他粉碎了一个自知无法企及的理想,同时憎恶它的蜕变形式,并与之坚决斗争。事实上,这个永不可能成为僧侣的人对教会统治是排拒的,他在教会组织内部从事的,恰恰是他在国家组织中义无反顾地通过斗争而实现的"农民起义"。

至于路德的宗教改革的结果,无论好坏,今天是可以作出大略评价的;可是,谁又能天真地据此对路德作简单的毁誉呢?他对一切是没有责任的,他不理解自己的所为。然而,毋庸置疑,欧洲的尤其是北欧的浅陋的思想以及这思想的"善意化"——倘若人们喜欢听这样一个道德字眼的话——随着路德的宗教改革而向前迈进了一大步。同时,由宗教改革而引发了思想界的动荡,对独立的渴望和对自由权的信仰,促进思想"符合自然"。当人们承认宗教改革毕竟为我们当今所尊崇的"现代科学"作了准备并起了促进作用这一价值的时候,也应补充说明一点,即宗教改革对现代学者的蜕变是负有责任的,对他们缺乏崇敬、廉耻和深度,对整个知识界天真烂漫的忠诚和老实,简言之,对思想界的平民主义也是负有责任的。平民主义是最近两个世纪的特点,迄今的悲观主义也没能把我们从平民主义里解救出来。

"现代理念"也属于这次北欧的农民起义,这起义反抗冷漠、暧昧、怀疑的南欧思想——把自己那硕大无朋的纪念碑建立于基督教会内的南欧思想。末了,我们还不应忘记,同"国家政权"相比,教会是什么?它首先是一种统治机构,它保障上层人士,它相信思想的力量,从而无须动用粗野的暴力手段。所以,教会在任何情况下都比国家政权显得高尚。

359. 对思想的报复与道德背景

诸君以为替道德辩护的最危险、最狡诈的律师在哪里呢？这儿有一位缺乏教育者，此人才思不足，不能体会思考的乐趣，但他所受的教育又使他知道这种乐趣；他无聊、倦怠、蔑视自我，因为继承了一点财产，故而骗得最后一个安慰是"劳动的恩赐"，在所谓的"每日工作"中忘却自我。他对自己的存在是感到羞愧的，或许也隐瞒一些小的恶习。他不得不读一些不配他读的书，参加一些他领悟不了的思想界的交流，以此博得虚荣，骄纵自己。他全身中毒，因为对他而言，思想、教育、财富、寂寞无不是毒剂，以致他必然滋生习惯性的复仇心态和意志……

诸君猜想，他必须拥有什么东西才能为自己制造超越英才的虚幻优越感呢？才能为自己、至少为自己的想象制造施行报复的欢愉呢？他需要拥有的不外乎是道德——我敢打赌！他需要道德的辞藻，需要像咚咚作响的鼓声侈谈正义，需要智慧、神圣和美德，需要奉行禁欲主义，（禁欲主义把人们未拥有的东西隐藏得多么巧妙啊！……）需要伪装聪明的沉默、友好、温柔敦厚，全是人们称之为理想主义者的伪装，无可救药的自我蔑视者及其虚荣心便在这伪装下大行其道。

但愿人们正确理解我的话吧：从这类思想的天敌中滋生了一批怪人，他们被民众冠上圣者、智者的名号并大加推崇；滋生了那些喧嚣不已地在创造历史的道德猛兽，圣奥古斯汀①即属这一类。惧怕思想，对思想报复——啊，这些作为驱动力的恶习就常常成了道德的根源甚至道德本身！即使那种在地球上某些地方曾经出现过的要求，即哲学家对智慧的要求（最愚蠢、最骄矜的

---

① 圣奥古斯汀，中世纪著名的神学家和哲学家。

一种要求），难道至今在印度和希腊不也主要是一种掩饰吗？有时，这要求假借教育的观点将许多谎言神圣化，好像是为了悉心顾及正在成长中的年轻人似的，年轻人必须通过对某些人物的崇拜（通过误导）才能约束自己并得以保护……

在大多数情况下，哲学家的掩饰是为了自救，将自己从疲惫、年迈、冷漠无情中解救出来，这是一种临终的情感，也是动物濒死时的本能智慧——它们会离群索居，悄无声息，甘守寂寞、爬进洞穴，变得智慧起来……什么？智慧就是哲学家对思想的一种掩饰吗？

360. 被混淆的两种动机

我觉得我的最大进步之一，就是学会了区别一般行为动机和既定的、有指向性的行为动机。

第一种动机是一定量的积聚力,它等待为某一目的而消耗;第二种则相反,若用积聚力来衡量,它是微不足道的,至多是一种小的偶然因素罢了,因这偶然的缘故,那一定量的力便以一种既定的方式"爆发"了,好比火柴和火药桶的关系。我把一切"目的"和经常挂在人们口头上的"生活职业"算做这类小的偶然和火柴,它们与那迫切要求消耗掉的巨量的力相比是较为随意的,几乎是冷漠的,无所谓的。

可是,人们对此的看法刚好相反,他们习惯于把目的(目标、职业等)视为推动力,这是自古的原始错误使然。目的只是一种指引力罢了。人们把舵手和轮船弄混淆了,舵手从来就不是指引力……"目标""目的"难道不经常是一种美化自己的借口、事后为自己装门面的虚荣吗?这虚荣不想说轮船是跟着流水走的,轮船是偶然陷入流水中的,不想说轮船有方向却根本无舵手吗?

看来，人们还需要对"目的"作些评论。

361. 演员的问题

演员的问题长期困扰着我。无论过去还是现在，我都无法肯定，人们是否能够由这个问题而弄清"艺术家"这一危险的概念。迄今，人们是怀着无可原谅的"慈善"心肠在对这一概念进行探讨的。

也许，以下的种种情形不仅仅是演员本身的问题：心安理得的虚伪；伪装成一股迸发的强力，抛弃、淹没和窒息"个性"；真心要求进入一个角色，戴一个面具，即要求虚假；种种过剩的适应能力，它已经不能在最方便和最狭窄的功利中获得自我满足了……

以上的种种本能大概在下层民众的家庭里也训练出来了，这训练不难。这些家庭处于不断变化的压力和强逼之下，要依附他人，要量入为出，为生计苦苦挣扎，不得不一再进行自我调整以适应新的环境，一再扮演不同的角色，久而久之，遂培养出见风使舵的能力，成了擅长"藏猫"游戏的艺术大师。这游戏在动物界被称为保护色或适应能力，如今，这套技艺也溶化在人的血肉中了。终于，世代相沿的适应能力变得肆虐专横了，它作为一种本能去指挥别的本能，由此也制造出演员和"艺术家"来（首先是戏谑者、说谎者、智力障碍者、小丑，类似吉尔·布拉斯的经典仆役，因为这类角色是艺术家甚至是"天才"的先驱哩）。

在高层社会里，也因类似的压力而滋生类似的人物，比如外交家。不同的只是，他们那种演员的本能大多被另一种本能所控制。我以为，任何时代的"优秀"外交家都可以随意成为优秀演员，只要他"随意"便可。

至于犹太人，那真是个适应技巧出类拔萃的民族，人们顺着这个思路就可以在他们那儿看到世界史上培养演员的排练,那真可谓名副其实的演员"孵化"场所。事实上,当前人们总会碰到这样的问题:时下哪一个优秀演员不是犹太人呢?犹太人还是天生的著作家呢,他们得益于演员天赋,遂执欧洲新闻界之牛耳,一展抱负。著作家本质上就是演员啊,饰演的是"行家""专家"角色。

最后说说女人。想一想女人的整个历史吧,难道她们不该最先成为女演员吗?人们听医生说,对女人施行催眠术,人们就会爱上她们,继而,人们又接受她们的"催眠"!结果如何呢?结果是"她们献身"了。当然,即使她们献身……女人,如此富于艺术气质的女人呀……

362. 我们相信欧洲的阳刚之气

几百年来战事频仍,为历史上所未有。我

们已经进入战争的经典时代，进入大规模（资金、人才、学科）的、博学精深却又十分大众化的战争时代。未来的数千年在回顾这时期的战争时将会怀着钦羡、崇敬的心情将其视为完美的事件。人们把这一切归功于拿破仑，因为民族运动战争的荣耀是从这民族运动中产生的——只是反拿破仑的，如若没有拿破仑，也就不存在这民族运动了。

男子大丈夫在欧洲再次压倒商人、庸人，再次驾驭被基督教、18世纪的狂热思想和"现代理念"所娇纵的"女人"，这也得归功于拿破仑。拿破仑视现代理念、文明为私敌，用这敌意证明自己是文艺复兴运动最伟大的后继者之一。他再度弘扬了具有决定意义的古代气质，即花岗岩一般坚强的古代气质。可谁知道，这古代气质是否最终又驾驭民族运动，并且在积极意义上成为拿破仑的继承者和后续者呢？人们知道，拿破仑本想统一欧洲，进而让欧洲统治世界的。

363. 男女对爱情的偏见

尽管我对一夫一妻制的成见作过让步，但我绝不承认人们的这一观点：这种婚姻的男女双方是平等的。根本就不存在所谓的平等。男女双方对爱情的理解是不同的，对爱情的前提条件，即一方不应要求另一方的情感及爱情观与自己雷同，理解也有差异。

女人的爱情观是显而易见的，那就是彻底的灵与肉的奉献，毫无保留，毫无顾忌，甚至一想到奉献如若带上附加条件就感到羞愧、惶然。在这种无条件奉献的情况下，男人的爱情便只是一种信念：女人没有别的信念。男人一旦爱上一个女人，他就要从女人那里得到爱。这样，他与女人之爱的前提条件就相距十万八千里。除非世上也存在要求自己完全奉献的男人，果真如此，他们也就不是男人了。男人如果像女人那样去爱，他就会沦为奴隶；

但女人如果像女人那样去爱,她就会成为更加完美的女人……

女人无条件放弃自己的权利,这激情的先决条件是男人不要有同样的激情,不要有同样的放弃。倘若双方都为爱情而放弃自我,我真的不知道会出现何种结果,也许是人去楼空吧。女人希望男人把她当做占有物接受,希望完全献身于"被占有",故而期盼得到一个接受她的男人,而这男人又不付出什么,相反只应使他变得更丰富,亦即经由女人的奉献使他的力量、幸福和信念不断增强。我想,女人奉献男人接受,这理所当然的矛盾,人们是不可能通过任何社会契约也不可能经由要求平等的良好意愿而超越的,那么,符合心愿的倒是,不要老是把这一矛盾的冷酷、可怕、难于理喻、不道德等属性置于眼前,因为从全面考虑,爱情乃是天性,大凡天性总是有点"不道德"的。

女人的爱情还包括忠诚,它是从爱情定义

中派生出来的；而在男人，忠诚很容易被当做爱情的后果，比如当做谢意、特殊的情趣、所谓的心灵亲睦等，但从不属于男人之爱的本质。所以人们有理由说，在男人身上，爱情和忠诚是天然对立的，他们的爱情即为占有的愿望，而非奉献和放弃，占有的愿望每次又以占有为结局……

男人绝少承认正是"占有"才维持了他的爱情，事实上，这正是他的占有欲更巧妙、更令人怀疑之处。他不轻易承认，一个女人对他已经没有什么好"奉献"的了。

364. 隐士如是说

与人交往的技巧，大体上说，就是一种接受宴请、吃你信不过的食物的技巧。除非你饥肠辘辘地进餐，那么一切就会容易些（正如靡菲斯特所说,"恶劣的社交让你感受")。可是,当人们盼望出现虎狼之饥时,它却偏偏不来!啊,要喜欢别人,殊非易事!

　　第一个原则是:就像遇到一场事故,你要倾力以赴,勇敢地介入,要孤芳自赏,把你的恶感吞进肚子里。第二个原则是:用夸奖的办法使别人的情绪"变好",使其自我陶醉;或者抓住他的某个好的或"有趣的"个性特点,牵着他走,进而显示你的美德,制服别人。第三个原则是:自我催眠。双目凝视交往对象,宛如注视一个玻璃纽扣,直到再也感觉不到是高兴还是厌恶,继而不知不觉入睡,一动不动。这姿态犹如婚姻和家庭的常备药物,屡试不爽,不可或缺,然而在科学上尚未正式命名。它的俗名叫——忍耐。

365. 隐士又说

我们也同"人"交往,我们也穿着简朴的衣裳,以便别人辨认、注意和寻找我们,我们也就这样进入伪装的人群中(他们当然是不愿这样自称的),我们也同一切聪明的假面具一样,以某种彬彬有礼的方式消除人们对我们的一切好奇心,包括对我们衣着的好奇。

与人"交往"还有其他的方式和技巧,比如,你想尽快摆脱他们,或者要让他们害怕,那你就装扮成"鬼",这是很可取的。试试看吧,别人来抓我们却抓不到,他们就会发怵,或者,当我们从锁闭的门中穿过,当我们熄灭灯火,或者在我们死后,这些都会引起旁人的悚惧。后者是卓越之士死后玩弄的技巧。(这类人会不耐烦地说:"你们怎么想的呢?如果我们不知道我们会变成什么,我们就会甘愿忍受周围的怪异、寒冷和墓中的沉寂，甘愿忍受地下隐匿的、万籁俱寂的、不为人知的落寞，在我们，这落寞既可称为生，亦可称为死——我们死后才获得生命呀，才变成活生生的人呀，噢，真是活生生的呢！我们死后的人呀！"）

366. 面对一本渊博之书

我们不是埋首书本并由书本而产生思想的人。我们的习惯是在户外思考、散步、跳跃、攀登和舞蹈，最好在阒寂无人的山间，要么就在海滨。在这些地方，连小径也显出若有所思的情状。至于书籍、人和音乐的价值，我们首先要问："它会走路吗？它会舞蹈吗？"……

我们很少看书，但我们读得并不比别人差——噢，我们能马上看穿一个人的思想是怎样产生的，可以知道他面对墨水瓶，弯腰驼背，伏案写作；噢，我们也很快读完了他的大作；他那被死死揪住的五脏六腑泄露了自己的秘密，我敢打赌！正像他那斗室的空气、天花板和逼仄的空间泄露其秘密一样。这便是我合上一本诚实而渊博的书所产生的感觉，并油然而生感激，如释重负……

学者的著作几乎总有某种压抑和被压抑的东西在其中，"专家"总会在著作中显露自己的形象、热情、真诚、愤怒、对"蜗庐"的溢美、驼背——凡专家均驼背。一部学术专著总是反映被扭曲的心灵。其实，每种职业都是扭曲的。

让我们与共度青春时光、现在学有所成的朋友重逢吧。噢，他们的结局常常与我们预期的相反！他们一直受科学的役使，弄得神魂颠倒！置身于逼仄的一隅，被压抑得无知无感，失去自由和心态平衡，瘦骨嶙峋，全身棱角分明，没有一处是圆的。多年暌隔，一朝重聚，真使他们激动不已又无言以对。

任何一种职业，即使它是黄金铺地，其上方也有一块铅质的天花板压着，心灵是以扭曲。这是无法变更的事实。我们不相信通过某种教育技巧可避免这畸形的产生，世上的高超技巧都要付出高昂的代价。人们不惜一切代价，掌握了专业，然而最终又沦为专业的祭品。我同代的先生们，你们是不希望这样的，你们想付出"少"一些，但要活得舒适一些，对吧？倘若如此，你们马上会得到另外的结果，你们就不是职业大师，而是作家了——圆滑世故、见风使舵的作家。而作家是不会驼背的（作为思想界的售货员和教育的"载体"向你鞠躬时除外），作家本不足挂齿，但他几乎"代表"一切，饰演并"代表"专家，同时又极其谦卑地表现自己是被人豢养的，也是受尊敬和欢迎的。

我尊敬的朋友们！我宁愿为你们的驼背而祝福！为你们与我一样鄙视这些作家和教育界

的寄生虫而祝福！为你们不懂得如何与思想界做交易而只拥有不可用金钱来衡量的见解，为你们不具备什么也就不代表什么，为你们唯一的意愿只是当职业大师并崇尚绝技与才干，义无反顾地拒绝文学艺术中一切虚假、半真半假、矫饰、煽惑、看似杰出的演戏一样的东西，总之，拒绝那一切不会从你们眼前消失的训育排练，我为你们这一切的一切祝福！（尽管天才善于掩盖上述缺点，却根本无法克服，只要注意我们身边天资骄人的画家和音乐家即可明了。他们无不狡黠地创造出模仿的格调、临时代用品乃至原则，以便获得那一类训育排练、顽固教化之外表，同时又不因此欺骗自己，不让自感理亏的良知长期保持缄默。你们知道吗？当代伟大艺术家哪个不是问心有愧而痛苦呢……）

367. 怎样区别艺术品

凡是思考、写作、绘画、作曲，乃至建筑和雕塑的作品，要么是独白式的艺术，要么是见证人的艺术。对上帝的信仰艺术、祈祷抒情诗的艺术表面上是独白式艺术，实则属于见证人的艺术，因为对虔诚的信徒来说，是不存在孤独的，这，是我们无神论者发现的真理。

要区别一个艺术家的整个观点，我以为没有比这更深刻的方法了：看他是从见证人的角度出发看待自己的作品（看待"自己"），还是"忘却了这个世界"。每一种独白式艺术的本质都是基于"遗忘"，实为遗忘的音籁。

368. 玩世不恭者如是说

我对瓦格纳①的音乐的非难源于生理方面。可是,我缘何当初要给这非难套上一个美学模式呢?

当我聆听瓦氏音乐时,我的"实际情形"是:呼吸不畅,脚对这音乐表示愤怒,因为它需要节拍且舞蹈、行走,需要狂喜,正常行走、跳跃和舞蹈的狂喜。我的胃、心、血液循环不也在抗议吗?

我是否会在不知不觉中嗓子变得嘶哑起来呢?我问自己,我的整个身体究竟向音乐要什么呢?

我想,要的就是全身轻松,使人体功能经由轻快、勇敢、自信、豪放的旋律而得到加强,正如铅一般沉重的生活经由柔美、珍贵的和谐

---

① 瓦格纳(1813—1883),德国著名音乐家。

而变美一样。我的忧郁冀盼在完美的隐匿处和悬崖畔安歇,所以我需要音乐。

戏剧同我有什么关系!戏剧弘扬道德可谓心醉神迷、歇斯底里,"民众"也以此为满足,这同我有什么关系!演员的那一套恶作剧表演同我有什么关系!……人们已经看出,我从根本上说是反戏剧的,瓦格纳则不然,他虽为音乐家,但本质上却是演员和剧作家,是有史以来最狂热的滑稽演员!……附带说一下,瓦氏曾有一个理论,"戏剧是目的,音乐向来是戏剧的手段"。可他的实践与理论却是南辕北辙,即"表演姿态是目的,戏剧和音乐向来是表演姿态的手段"。音乐被他当作阐述、强化和衬托戏剧表演及演员意识的手段,故瓦氏歌剧只是戏剧表演姿态的表演罢了!他除了具备别的本能外,还具备一个伟大演员所具备的起指挥作用的本能,哪怕他本是音乐家。关于这,我曾苦口婆心地给瓦氏的一位真诚的追随者讲明,而且还有理由补充说:"请对自己更诚实一些吧,我们可不在戏院看戏啊!"即使上戏院,人们也只是作为群体才诚实,作为个体则欺骗,甚至自己骗自己。

"人虽进了戏院,可心还留在家里,放弃说话和选择权,放弃自己的鉴赏情趣,甚至放弃那种在家里面对上帝和家人常有的勇气。从未有人把自己最敏锐的艺术思想带进戏院,连为戏院工作的艺术家也不例外。戏院里充斥着小民百姓、女人、道貌岸然的伪君子、投票的动物、民主主义者、邻人、同代人;在那里,个人的良知屈从于'大多数人'的平庸;愚昧是当作淫荡和传染病毒在传播的;'邻人'取得支配地位,于是,人们纷纷变成这样的邻人……"(我差点忘说了,那位被我启蒙的瓦氏追随者是怎样回答我对瓦氏音乐的非难,我那基于生理的非难。他说:"原来您不够健康,所以无法欣赏我们的音乐?")

369. 并存于我们心中的

我们艺术家是否必须承认，我们内心存在着一种巨大差异？我们的审美情趣和创造力是以极不寻常的方式相互独立和各自发展的吗？比如，一位音乐家穷其一生所创作的作品与他的听众的好挑剔的耳朵和心灵所推崇、喜欢和偏爱的东西是相互矛盾的，他也无须知道这种矛盾！

一种令人尴尬又符合规律的经验显示，人的兴趣很容易超过自身创造力的兴趣，即使后者并不因此而瘫痪和受阻。但也可能出现相反的情形，这正是我要唤起艺术家们注意的。一位持续创作的艺术家，我们把话说得形象一些，他身为"人母"，竟然对自己思想的"受孕"和"坐月子"无所知闻；他没有时间对自己及其作品进行推敲和比较，也无心训练自己的审美情趣，而是将它遗忘，或任其停滞、坍倒，这种人所创作的东西是连他自己也无法置评的；对他本人及作品所想的所说的，全是愚昧不堪之论。

"了解孩子，没有人会比他的父母差。"我以为，此话对那些多产的艺术家来说，差不多是正常情况。姑举一例：整个希腊的诗歌和艺术界从不"知道"它创作了什么……

370. 何谓浪漫主义

也许有人记得，至少我的朋辈中有人记得，当初我带着某些错误和过高的估计迈向现代社会时，无论如何是以一个满怀希望之人的面目出现的。我对19世纪哲学界悲观主义的理解（天知道是依据哪些个人经验），觉得它是一种象征，即象征着比18世纪（休谟、康德、康迪拉克和感觉主义者的时代）更强劲的思考力，更大胆的勇气，更充满胜利的丰富生活。所以，我觉得悲观主义犹如我们文化的繁华,是我们文化的最珍贵、最高雅,也最具危险性的豪奢,但是,由于我们的文化鼎盛,这种豪奢也无伤大局。

我以为德国音乐所表现的无非是德国人心灵中酒神的强大力量。我听到地震的巨响,那自古积聚的原始力终于爆发了;而对于一切被称为文化的东西所深深震撼,我是漠然置之的。人们发觉,当初我对哲学上的悲观主义及对德国音乐的特质——浪漫主义——作了错误的理解。

何谓浪漫主义?每一种艺术和哲学都可能被视为治疗手段和辅助手段,为倾力奋斗的、变幻莫测的人生服务,它们无不以痛苦和受苦之人为前提。而受苦者又分为两类,一种是因生活过度丰裕而痛苦,这类人需要酒神的艺术,同时也用悲观的观点审视生活;另一种是因生活的贫困而痛苦,他们需要借助艺术和知识以寻求安宁、休憩和自救,或者寻求迷醉、麻木、痉挛和疯狂。各种艺术和知识中的浪漫主义完全适合于受苦者的这两类需要,叔本华和里夏德·瓦格纳也与之相宜。这二位是最负盛名、最典型的浪漫主义者,当初我是误解了他们。倘若人们承认我的话是公平的,那大概不会对他们造成什么损害吧。

生活丰裕的富翁、酒神,不仅观察可怕和可疑的事物,而且实施可怕的行动,肆意进行破坏和否定。他身上可能出现邪恶、荒谬和丑陋的东西,这是创造力过剩所致,这过剩的创造力甚至能把荒漠变成良田。反之,受苦者、生活赤贫者大多需要温和、平静和善良,在思想和行动里需要一个上帝,一个庇佑病人的真正上帝,一个"救主"。他们也需要逻辑,需要领悟现实,因为逻辑安抚人,使人产生信赖,总之,他们需要在乐观的境域建立一个温暖、狭小、隔绝,能抵御恐惧的空间。

于是,我开始学会理解与酒神悲观主义者相对立的伊壁鸠鲁和"基督徒"。事实上,后者只不过是伊壁鸠鲁追随者当中的一种类型,类似于浪漫主义者。我的目光在观察最困难和最棘手的反推论形式(大多数错误皆因反推论而铸成)时更加锐利了,即由作品推论作者,由行为推论施行者,由理想推论需要理想的人,由每种思维方式和评估方式推论在其背后起指挥作用的需求。

在美学价值评估方面,我现在主要使用这样的区别方法,每遇事就问:"在此,是饥饿还是奢侈变成了创造力?"然而在开始之际,另一种区别方法似乎更值得推荐,它远比上述的方法明显,即把注意力放在创作动机上,看它是追求固定、永恒和现存,还是追求破坏、更新、变化和冀盼未来,倘若我们审察更深入一些,便发现这两种追求还是模棱两可、意义暧昧,所以还不如使用前面提及的、我以为很合理的区别模式。

对破坏、改变和生成的追求可能是一种孕

育未来的过剩力量之表示（对这力量，我使用的术语便是大家已知的"酒神力量"），但也可能是失败者、穷人和失意者产生的恨意。由仇恨而施破坏，这是势所必然，现存的一切无不在激怒这仇恨并使其发作。明于此，也就不难认识身边的无政府主义者了。

那期求永恒的意志也有两种解释，一方面它可能源于感激和爱，发轫于此的艺术必然是神化的艺术，比如鲁本斯[①]赞颂酒神的热烈奔放，哈菲斯[②]高歌天国之极乐，歌德的明丽和善意，这类艺术将荷马式的荣耀和光明播撒到万事万物。但这意志也可能是受苦者、奋斗者和被刑讯者的那种暴君式的专断意志：它在自己的痛苦之特质和私密性上全部贴上必然规律和强制之标签，要对一切实施报复，把自己受折

---

① 鲁本斯（1577—1640），法兰德斯（Flandern）画家。

② 哈菲斯，14世纪伊朗抒情诗人。

磨的图像强加并烙铸在其他一切事物上。

另一方面是浪漫的悲观主义最具特征的形式,叔本华的意志哲学也罢,瓦格纳的音乐也罢,浪漫的悲观主义是我们文化命运中最近的伟大事件。(也可能还有一种截然不同的悲观主义,即古典悲观主义——这感觉和想象是属于我个人的,是挥之不去的个人专利。但"古典"这个字眼颇有些刺耳,过于陈旧、笼统而含混,我姑且称之为未来的悲观主义吧,因为它一步步走来了!我看见它来了!这酒神的悲观主义呀!)

371. 我们很难被理解

我们何须抱怨被误解、被曲解、被混淆、被中伤、被听错和未被人听到呢?这正是我们的命运啊,并且将会长期继续下去,说得保守点,也得延至1901年。不过,这也是对我们的奖赏呀,倘若我们希望别的,便不能保持自己的荣誉了。

人们之所以混淆我们,是因为我们不停地生长、变换,剥掉老的外壳,每到春季蜕去旧皮,越来越年轻,越长越高,越长越壮,越来越对未来有信心,把我们的根越来越深地植进邪恶,同时愈益亲切而敞开怀抱地去拥抱蓝天,用我们所有的枝叶贪婪地吸入蓝天之光。

我们像树一样生长,这实在难以理解,一如所有的生命!我们的力量不是聚在一处,而是无处不在,不是在某个方位,而是在上下内外、四面八方,在树干、树枝和树根。我们已不再能够自由自在地做某事或变成某类人……这就是我们的命运:向上生长。我们离闪电更近了,也许这就是我们的厄运了!但我们依旧引以为荣,并且不愿让别人倾听此荣誉,分享此荣誉。我们崇高的厄运啊。

372. 我们为何不是唯心主义者

从前,哲学家都惧怕感官,我们是否把这惧怕抛到九霄云外了呢?时下,我们这些哲学界的当代人和未来者全都成为感觉主义者了,这倒不是依据理论,而是依据实践才有了这个结果……

从前的哲学家认为,感官会诱使他们走出那个萧索寒冷的"理念"王国,步入某个南方岛屿;他们担心,正是在那个南方岛屿他们的哲学家美德会在刺目的阳光下消融。"塞住耳朵",这在当时几乎是穷究哲理者必须做到的,他们不再聆听生活的乐章,岂止不听,硬是否定这乐章呢。他们有一个古老的迷信,即认为一切音乐均为茜琳娜①的妙音。

现在,我们喜欢作相反的判断(说不定也是错误的):理念同感官相比,是更具危险性

---

① 茜琳娜,希腊神话中半人半鸟的海上女妖,以美妙歌声诱杀途经的航海者。

的蛊惑,它有冷静而贫血的外表,但又靠哲学家的"血液"为生,将哲学家的感官甚至"心脏"消耗殆尽(如果诸君相信我们的话),这些古贤遂沦为无心肝之人了。研究哲学成了吸血鬼的吸血行为了。对于斯宾诺莎这些人的形象,难道诸君不感到悚惧吗?难道君不见这儿上演的戏剧愈益苍白了吗?理念的诠释愈益唯心了吗?难道诸君没有想到背后有一个长期隐蔽的吸血鬼,它初始吞食感官,终则留下当当作响的白骨一堆吗?——我指的是哲学范畴、公式和措辞。(因为——请原谅我这么说——斯宾诺莎所剩的哲理爱神只不过是嘎嘎作响的噪声罢了,当被吮吸得一滴血不剩时还谈什么爱、什么神呢?……)总之,一切哲学上的唯心主义迄今成了一种疾病,它不像柏拉图那样小心翼翼地注意健康,没有惧怕极强的感官,也没有一个聪明的苏格拉底的门徒的智慧。

或许是我们现代人不够健康之故,所以不

必要求柏拉图的唯心主义？而我们之所以不惧怕感官，是因为……

373. 偏见的"科学"

根据等级划分的原则，智力属于中等的学者根本看不见原本重要的问题和疑窦，因为其目力和勇气均不能及，更主要的原因是，尽管促使他们作研究的动机和计划如何如何，但他们的愿望和探索浅尝辄止，小注即满。

例如，促使学究气十足的英国人赫伯特·斯宾塞热衷于杜撰他那一厢情愿的"利己主义和利他主义"调和的动机是多么令人生厌啊。倘若人类持有斯宾塞的观点，而且是不可更改的观点，那我们一定会觉得，如许人类岂止可鄙，简直是该灭绝的了！斯宾塞认定的最高愿望对旁人则是一种讨厌的可能性。这本来就是他无法预见的问号啊！……

现在许多唯物主义的自然科学家的那种信念也是如此，他们对此信念甚感满意，即相信在人的思想和价值观方面具有同等标准的世界，相信借助我们那微不足道的理性便可应付的"真理世界"。什么？难道我们真要把存在降低成账房先生那简易的计算练习和数学家的闭门造车吗？难道不应该首先剥掉存在那含混不清的特性吗？先生们，这正是良好意愿即对超越于你们视野的一切东西表示崇敬的良好意愿所追求的呀！

你们以为对世界的解释只有一种是正确的，你们也是以这种解释指导科学研究的，而这解释仅仅依靠计数、计算、称重、观察和触摸啊，这种方式即使不称之为思想病态和愚蠢，那也是太笨拙和天真了。那么，相反的方法是否可行呢？首先理解存在的最表面和最外部的东西，即它的表象、皮肤、可感觉的肌体，或者仅仅领悟这些东西?看来,诸君所理解的所谓"科学地"解释世界实在愚不可及,荒诞不经。我们把这话讲给那些机械论者听,这些人当今非常乐意与哲人为伍,而且误以为机械论是关于一切规律的学问,一切存在均建立在这些规律的基础上。然而,本质机械的世界也必然是本质荒谬的世界!

假定人们衡量音乐的价值,是根据从它那儿算出了多少数字,多少可以用公式来套,那么,对音乐进行如是"科学"的评价是何等荒谬啊!那样做究竟对音乐领悟、理解和认识了什么呢?什么也没有!……

374. 我们新的"无限"

人们生存中的观察特点会发展到何种程度,是否还有另外的观察特点;存在是否无法解释,也没有"意义",是"荒谬"的;另外,一切存在从本质上说是否都是在进行自我解释呢?凡此种种,即使最勤奋、最认真的分析和理性的自我核验也无法证实。这是符合情理的,因为人在思考、分析时不得不从自己的立场和观点出发,而不能超越自己的立场和观点。要想知道旁人的思想和观点里可能存在的东西,只是一种无望的好奇心罢了。例如,是否有哪些生物能感觉到时光的倒流,或交替地进退呢?(果真如此,就存在另一种生命、另一种因果概念了。)

我们若是以自己的这一角落为出发点,命令别人只能从这个角落获得观察的视角,我想,我们至少今天离这种骄横还远着哩。对我们来说,世界再次变得"无穷无尽"了,所以,我们也不能排斥这一可能性,即世界本身也包括对它的解释的无穷性。莫大的惶恐再次揪住了我们,可是,谁有兴趣再按旧的方式把这个不可知世界、这个怪物再次神化呢?把未知事物当作"陌生人"顶礼膜拜呢?

啊,未知事物里包括多少无神论的解释呀,又包括多少荒谬、愚昧、走火入魔的解释呀!而我们那符合人性的、太符合人性的解释才是我们熟悉的啊……

375. 我们缘何像伊壁鸠鲁的信徒

在最后确信某事时,我们现代人总是小心翼翼的。存在于每个坚强信念里和每个绝对的"是"与"非"里的陶醉和灵智,免不了受到我们疑心的窥伺,这该做何解释呢?

一方面,或许可以把这看成是一个"曾被烫伤的孩子"的谨慎或失望的理想主义者的谨慎;另一方面,也可以把这看成是某人的欢悦的好奇心,此人当初终日流连于墙角,因逼仄的角落而绝望,今天却在辽阔无垠的"真正自由"天地里东游西荡,纵情享乐。于是,就形成了一种几近伊壁鸠鲁式的认知倾向,它是不会轻易让事物的可疑性溜走的。

同样也导致对道德的姿态和空言的厌恶,造成一种审美情趣,它排斥一切对立的、愚昧的审美情趣,并保留一份自尊的心态。我们在向前疾驰、追求确定性之时稍稍拉紧一下缰绳,作为骑手在狂奔中犹能自控,这就是我们全部的骄傲之所在。我们一如既往,骑着疯狂、激情的骏马,倘若我们迟疑不决,那将至少造成对我们的危害……

376. 缓慢的时日

一切艺术家和艺术创作者都像生儿育女的母亲,都会感到时间的缓慢,觉得在其生命的每个阶段——以某个作品来划分——都达到了目的,怀着这样的情愫——"我们已经成熟了",泰然面对死亡。但这并非表现对生的厌倦,而是象征秋日的艳阳与和煦,它们每次将成熟的作品留给了创作者。在此情况下,生活节奏变慢,变得似蜂蜜一般的浓稠,缓步迈向那音乐的延长符号,直至相信这延长符号……

377. 无家可归者

当今,欧洲人有资格不同凡响地、引以为荣地自称为无家可归者不乏其人。我的智慧暗中特别想给这些人士以关爱,因为他们命途多舛、希望无着!设法给他们一点安慰,委实不难,但这有何用呢?

我们这些属于未来的孩子,如今又怎能安居在家呢!某人若是因为有理想便觉得生活在这个脆弱、破败的过渡时期就像生活在家中一样，那么，我们对如是理想是憎恶的。这过渡时期的"现实"，我们相信它不能持久，现在维持不破的冰层已经十分薄弱，待到春风吹拂，我们这些无家可归者将打破冰层、打破一切薄弱的"现实"……

我们不"保存"什么，也无意倒退到过去，我们绝非完全"自由"。我们不为"进步"而工作，犯不着首先塞住自己的耳朵，以便不闻市场上茜琳娜对未来的歌唱，她唱的"平等权利""自由社会""不再有主仆之别"等对我们毫无吸引力！我们认为，在地球上建立公正而和睦的王国，并不值得欢迎。我们喜欢与自己气质投合者，即喜好冒险和征战的人，不听天由命、不作茧自缚、不妥协调和、不任人阉割的人。我们以征服者自诩，正在深谋远虑地建立一种新制度，甚至建立一种新奴隶制，因为任何一种对"人"的提升和强化也包含一种新的对人的奴役，是吗？难道我们必须心绪恶劣地以这个时代为家吗？以这个极爱名誉，自称最人道、最仁慈、最正义、一直阳光普照的时代为家吗？可惜的是，我们恰恰对这类冠冕堂皇的字眼产生了丑恶的隐含，将其视为极度衰弱、疲惫、风烛残年、力量势微的表征！一个病人用华丽而廉价之物美化自己的羸弱，这与我们何干！但愿这病人把羸弱当成美德向世人炫耀！噢，毋庸置疑，他的孱弱给人的印象是温柔敦厚，噢，多么温柔敦厚呀！多么正义呀！多么本分呀！多么富于"人情味"呀！

有人劝说我们要信奉"以同情为本的宗教"，噢，我们十分清楚这些歇斯底里的小男人和小女人的底细，他们恰恰需要这一具有掩饰和美化作用的宗教！我们不是人道主义者，从来不敢冒昧地称自己"热爱人类"——我们这种人不大会演戏呀！或者说不够资格充当圣西门的信徒，不够法国化。人们必须具备过敏的情欲和焦躁，才会在情欲难抑之时去接近人类……噢，人类！在所有的老妪群落里还有比你更老、更可怕的老妪吗？（这定然有些像"真理"问题，留待哲学家去回答吧。）不，我们不爱人类！

另外，我们也早就不是地道的"德国人"了。"德意志"这个词，眼下颇为流行，因而我们没有资格同民族主义和种族仇恨对话，也不可能对民族的心灵疥癣和血液中毒感到愉悦。现在，欧洲各国人民彼此像惧怕传染病一样隔离和封锁着。此外，我们过于放任、尖刻、挑剔，同时又消息灵通，见多识广。我们宁愿归隐山林，离群索居，"不合时宜"，要么沉浸于过往，要么幻想未来，唯有这样方才省去满腔的激愤。我们知道，壮怀激烈乃命中注定，皆因我们亲眼所见的政策导致德国思想界的虚荣、自负，也导致这思想的一片荒芜，此乃一种小气的政策。它难道必须把自己植于两种深仇大恨之间才不致使自己的创造力顷刻瓦解吗？它难道要让欧洲的小国政体永存吗？

我们这些无家可归者，亦即"现代人"，按种族和出身实在过于复杂、不纯，故而不愿参与那骗人的种族自我欣赏，这东西时下在德国被标榜为德国精神之象征，却也为"历史意义"上的民族所不齿，他们觉得这东西十分荒唐，不正派。一言以蔽之，我们是优秀的欧洲人，欧洲的继承人，欧洲数千年思想最富有、最有责任感的继承人，此应成为我们的誓言。这一身份也使得我们不再需要基督教的呵护，我们对它只有恶感，其原因恰恰是我们成长于基督教，我们的先辈皆为诚实的、义无反顾的基督徒，为信仰而牺牲了财产、血肉之躯和地位，也使祖国受到损害。我们也照样做了，为了什么呢？难道是为了我们的无信仰，为了所有的无信仰？不，你们知道得更清楚，我的朋友们！潜藏在你心中的"是"比一切的"不是""或许"更强烈。你们以及你们的时代因为这"不是""或许"而成病态;而你们这些浪游者漂洋过海、浪迹天涯,则是一种信念迫使你们这样做的呀!

378. 我们将再度澄清

我们是思想富翁,是慷慨大度者,犹如大街上开放的井泉,不会拒绝任何人汲取饮用。遗憾的只是,我们不知道在应该自卫时自卫,没有任何举措使自己免受污染、混浊和昏暗。我们生活于斯的时代将其"最时髦的"垃圾倒给我们,时代的脏鸟将其粪便撒向我们,童稚将其废物掷给我们,倚在我们身上休息的倦旅人将其大大小小的痛苦一并抛给我们,这一切的一切,我们均无力阻止。

然而,我们将一如既往,把别人抛给我们

的一切埋于心灵深处——蛟龙盘踞的深渊。我们不会忘记这样做。我们必将再度澄清……

379. 愚蠢的人插话

本书的作者并非愤世嫉俗,愤世嫉俗在当今是要付出高昂代价的。倘若人们像当初的梯蒙①那样一门心思、不折不扣,简直出于憎恶的嗜好而憎恶人类,那么人们也就用不着蔑视了。可是,我们有多少无上的快乐、忍耐和善良都依仗这蔑视呀!我们乃"上帝遴选出来的人",擅长蔑视,蔑视是我们的偏爱、特权、艺术,乃至美德。我们,我们这些最现代的人啊!

反之,憎恨会制造对立,憎恨中虽有荣耀,但终将产生惶恐,且相当多的惶恐。而我们这

---

① 梯蒙,传说中的雅典人,是憎恶人类的愤世嫉俗者。

些无所畏惧的人，也是当代很有智慧的人，对自己的优势了然于胸，故能有恃而无恐，立足于当世，别人很难宰割、禁闭和放逐我们。我们的著作，别人既不能禁亦不能付之一炬。

这个时代宠幸天才，它爱我们，也需要我们，虽则我们必须让它知道，我们是擅长蔑视的艺术家；我们与人交往，屡次战战兢兢，我们宽厚、忍耐、与人为善、礼貌谦恭，却难弃与人保持距离的成见；我们热爱大自然，因为它绝少世俗气；我们热爱艺术，因为它是艺术家对世人的逃避，或是对人对己的嘲讽……

380. "流浪者"如是说

为了从远处审视我们欧洲的道德，为了把它同其他的道德、过去或未来的道德作一比较，人们就必须有旅人一样的作为：这旅人欲知城内的塔高几何,为此而离开了城市。

"那些超越道德偏见的思想"——倘若它们不是超越偏见的偏见——是以超越道德的某个立足点为前提的,这个点即善与恶的彼岸,为达彼岸,人必须攀登、飞翔。在某种情况下,这彼岸就是我们自己的善与恶的彼岸,是超越整个"欧洲"的自由,这里的"欧洲"应理解为那些起统帅作用的价值评估的总和,它们已深入人们的血肉之中。

人们偏偏要朝那彼岸进发、攀升,这或许是一种愚行,一种不智的"你必须",因为我们这些认知者也具有"不自由意志"(特异的)。问题是能否登上彼岸,这取决于诸多条件,主要视我们身体的轻重而定。

人们必须轻装简从,方可将自己追求知识的意志放逐远方并超越时代,方可为自己创造雄视千古的慧眼和一片明丽的天空!人们必须抛弃种种桎梏,恰恰是这些东西压迫、阻碍和贬低当今的欧洲人，使其负荷沉重不堪。要想成为彼岸之人，获得时代最高的价值标准，就必须首先在内心"征服"这个时代，此乃对力量的考验，不仅要征服时代，还要克服对它的一贯厌恶和矛盾心态，克服自身的"时代病"、不合时宜、浪漫情调……

381. 理解问题

有人撰文，不仅希望别人看懂，而且也希望别人看不懂。当某人觉得某本书不好理解，那么，这绝不是对这本书的指责和埋怨，这或许正是作者的意图哩，他就是不愿让"某人"读懂。

任何高尚的思想或意趣要推销和介绍自己，必须择其知音。既有选择，当然也就会树立藩篱以摒拒"其他人"了。大凡写作风格的所有准则盖源于此：站得老远，保持距离，不准

"入内",也就是不让人懂;但另外又寻觅知音,让那些与我们听觉相似的人细听其心曲。

朋友们,这里我之所以私下谈我自己的情况,是因为我不想让自己的愚昧无知及活跃性情妨碍你们对我的了解。我不希望我的活跃妨碍诸位,纵然它能迫使我迅速应付某事。我在处理较为深奥的问题时,就像洗冷水澡一样,快进快出。有人说,不可在水里浸得太深,其实这是怕水的迷信,是冷水之敌,是无亲身体验之论。噢!冰冷的水迫使你动作迅速!但顺便问一句:对事物只作蜻蜓点水式的接触和闪电般的观察,是否就不能理解和认识它呢?是否非要像母鸡孵蛋一样终日穷究这事物不可呢?是否必须像牛顿在谈论自己时所说的那样,做一个危险的人工孵化器呢?但至少还存在许多特别令人发怵、棘手的真理,它们都是蓦然间被人领悟到的,这委实令人惊喜……

我的简明风格还有另一价值。我必须把一

些让我颇费思量的问题中的许多东西说得简明些，使人听起来要言不烦。我作为非道德者必须当心，别毁了别人的清白无辜，我指的是两性之中的笨伯和老处女，这些人从人生中获得的除了清白无辜便一无所有。再者，我的文章还应该鼓励和提升他们，激发他们追求美德。我不知道，世上还有什么别的东西比看到欢欣鼓舞的老"蠢驴"、被美德的甜蜜感弄得激情难抑的老处女更令我高兴的了。"我看见了这个。"查拉图斯特拉如是说，"我已经说得过多，实在有违简明的初衷。糟糕的是，我对自己也无法掩饰我的愚昧了。有时，我真为此而汗颜，当然有时也为这汗颜而汗颜。"

也许，我们哲学家今天面对知识没有一个不是十分尴尬的：科学在不断发展，同人中腹笥渊博者甚至也发觉自己知之甚少；然则，倘若是另一种情形——倘若我们知之过多，那又将如何呢？说不定还更糟呢！我们的要务一直是：切勿把自己的角色搞错，尽管我们也必须博学多闻，但与学者是有区别的。我们的需求不同，成长不同，消化也不同。我们有时需要得更多，有时又需要得更少。一位天才需要多少营养，这是没有定则的，倘若他的兴趣旨在独立、变化、冒险、来去匆匆（这些只有动作迅捷者方能胜任），那么，他还是宁可活得自由些，食谱窄一些为好，而摒弃羁束和阻塞。一个优秀的舞蹈家向营养索要的不是脂肪，而是最大的柔韧性和力量。我不知道，哲学家的思想所渴求的东西与优秀舞蹈家的有何不同。舞蹈既是哲学家思想的典范、技艺，也是它唯一的虔诚，"对上帝的礼拜"……

382. 伟大的健康

我们是新人，无名之辈，难于被理解的人，属于那尚未被证实的未来的早产儿。为了达到新的目的，我们需要一种新的手段，即新的健康，它比迄今的一切健康更强健、更坚韧、更精明、更大胆、更快乐。

谁的心灵渴望经历那延续至今的一切价值，经历一切值得希求之事，决意乘船周游理想之"地中海"沿岸；谁想从自己的冒险经历中体验一下那些实现理想之人的勇气，诸如艺术家、圣者、立法者、智者、学者、虔诚者、预言家、老式的非凡者等，那么，谁就必须具备伟大的健康。因为这类人不可避免地会一再地牺牲健康，所以还必须一再地重新获得健康！

我们，寻求理想的阿尔戈①船员，在漫漫旅途中也许是勇大于谋，饱尝了沉船的苦难，可现在我们更健康了，而且是一再地恢复了健康。我们为此得到的报偿是：发现了广袤无垠的新大陆，理想的彼岸，一个充满华美、奇异、可

---

① 阿尔戈，希腊神话中的英雄，他到海外寻求金羊毛时所乘的船名叫"阿尔戈"。

疑、恐惧和非凡的世界，以致我们无法控制自己的好奇心和占有欲。噢，再也没有什么别的东西可使我们满足了！我们怀着对知识的热烈渴求，并且眼界大开之后，又怎会以当代人为满足呢？我们无疑带着厌恶、严肃的心态去看待当代人的种种目的和企求，说不定还不屑一顾呢。这当然是够损的，但又势在难免呀！

另一种怪异、迷惑、危险的理想又呈现在我们面前，我们是不会劝告任何人去追求它的，因为我们不会赋予任何人追求它的权利，这理想只属于这些人，他们纯真地同迄今一切被称为圣洁、善良、神圣不可侵犯的东西同流合污，他们认为是"至高至上"的东西（民众自然也以此为价值标准），实则是危险、衰败和卑下的，至少是松懈、盲目、暂时忘记自我的。这看似一种符合人性甚至是超人性的、善意的理想，可是它又常常显出不符合人性，比如，它同世间的真情相比，与一切庄重的表情、言辞、声调、眼神、道德和使命相比,就显露出它的不符合人之常情。然而,也许正因为存在这种理想,世间才出现伟大的真情,人们才提出问题,心灵的命运才出现转机,时针才移动,悲剧才开始……